心理学谈判策略

吴寒斌 高虹◎编著

中国纺织出版社

内 容 提 要

谈判在本质上就是一场心理博弈，若在实际谈判过程中运用心理学知识，会有助于谈判的成功。深谙心理学的谈判专家，往往能一眼看穿对方的心思或对方可能采取的行动。

本书通过剖析大量的实际案例，从挖掘客户需求、读懂客户心思，博得对方信任、巧妙说服他人，把握谈判时机以及谈判语言技巧几个方面，为您提供有效的谈判指南，令您快速成为纵横谈判场的专家。

图书在版编目（CIP）数据

心理学与谈判策略 / 吴寒斌，高虹编著. --北京：中国纺织出版社，2016.8（2024.1重印）

ISBN 978-7-5180-2731-6

Ⅰ.①心… Ⅱ.①吴… ②高… Ⅲ.①谈判学—社会心理学—通俗读物 Ⅳ.①C912.3-49

中国版本图书馆CIP数据核字（2016）第135969号

责任编辑：闫　星　　　　责任印制：储志伟

中国纺织出版社出版发行

地址：北京市朝阳区百子湾东里 A407 号楼　邮政编码：100124

销售电话：010—67004422　传真：010—87155801

http：//www.c-textilep.com

E-mail：faxing@c-textilep.com

中国纺织出版社天猫旗舰店

官方微博http：//weibo.com/2119887771

北京兰星球彩色印刷有限公司印刷　各地新华书店经销

2016年8月第1版　2024年1月第5次印刷

开本：710×1000　1/16　印张：17

字数：202千字　定价：49.80元

前言

谈判是什么呢？从狭义上讲，谈判是双方或两方以上的个人和组织，为了消除意见分歧，改变彼此关系，谋求共同利益和契合利益而进行的交换看法和磋商协议的交往活动。谈判既包括那些正式场合的国际谈判、贸易洽谈，同时也包括各种非正式场合的协商和交涉。

在日常生活中，随着人类社会生产力的发展，人与人之间的交往越来越频繁，需要处理的关系越来越复杂，谈判的领域也在不断地扩大，在这个过程中，也拓展和延伸了谈判理论。当今社会，就是一个谈判无时不有、无处不在的时代，人与人之间往往是通过谈判来交往、改善关系、协商问题。简单地说，谈判已经成为日常生活中的一部分，这是人们无法回避的事实。人们谈判的原因，从本质上说，是谈判各方的需求，或者是自己所代表的某个组织有某种需求，而一方需求的满足又可能无视他方的需求。

美国前总统肯尼迪在就职演讲里说过这样一句话："我们不要因心生恐惧才谈判，但我们绝不畏惧谈判。"每天，我们都会多次与人谈判，只是自己没有感觉到而已。现实社会就是一个大的谈判桌，人们无时无刻不处于谈判之中，不是自我谈判就是与他人谈判，不论我们愿不愿意，喜不喜欢，我们都不可避免地处在谈判中。

从心理学的角度来看，谈判就是人与人之间发生关系的过程，彼此认知、心理交流和互为影响的过程。不论人们的行为或语言何等复杂，都是可以预测和理解的。通过认真研究，就不难发现人们行为中的各种可以预测的因素，这些因素都可以向外界透视某种因素，而捕捉这些可能影响谈判最后效果的因素，就是一个有经验的心理学专家在谈判中的优势。

谈判在本质上就是一场心理博弈，在实际谈判中运用一些心理学知识，会帮助我们谈判的成功。对于一个富有心理学知识和谈判经验的行家而言，他差不多一眼就可以看穿对方的心理或对方可能采取的行动。在本书里，通过大量谈判实景的描写，将一一为你呈现一个心理博弈的谈判世界，从独特的心理学视角，为你揭示谈判的策略，同时还会揭示在谈判中如何洞悉对方的需求、动机以及行为的方法。

编著者

2016年1月

目 录

CONTENTS

上篇　谈判开局阶段

俗话说："好的开始是成功的一半。"开局阶段，通常指双方彼此熟悉和就谈判目标、计划、进度和参加人员等问题进行讨论，并尽可能取得一致意见，以及在这个基础之上就谈判内容双方分别发表陈述的一个阶段。在这一阶段，需要好好营造开局气氛，争取在开局阶段赢得对方的信任。

第01章

知己知彼，百战不殆——准备的策略

谈判准备阶段是指谈判正式开始以前的阶段，这是谈判最重要的阶段之一，良好的谈判准备有助于增强谈判的实力，建立良好的关系，影响对方的期望，为谈判的进行和成功创造良好的条件。

谈判礼仪知多少

在日常谈判中，礼仪扮演着十分重要的角色，合理地使用谈判礼仪有助于谈判的顺利进行，由于不同地区存在着文化差异，这影响着日常谈判，因此，作为谈判者应该注意谈判过程中礼仪的正确使用。随着经济的快速发展，谈判在业务合作过程中扮演着越来越重要的角色，不同角色在谈判中的礼仪表现是不尽一致的。谈判作为一项特殊的商务活动，对谈判者的语言和行为礼仪都有着很高的要求，在谈判过程中，谈判者可以通过大方、得体、优雅的行为礼仪为和谐友好的谈判气氛提供重要保证。

谈判礼仪的作用一是律己，二是敬人。所谓律己，就是用一定的礼仪来规范自己的行为，表现出良好的内在修养，不但让自己充满自信，而且获得对方的尊重。所谓敬人，就是通过一定的礼仪，更好地向对方表达尊重，友好与善意，增进双方之间的信任和友谊。当然，谈判礼仪所受益并不仅仅是谈判场合，还可以有效提升个人的素养，毕竟教养体现细节，细节展示素质。我们在商业交往中会遇到不同的人，对不同的人如何进行交往，这是需要讲究艺术的，很简单的例子，夸奖对方如何夸奖，否则即便你觉得自己在夸人但却令对方感到不舒服。而且，良好的谈判礼仪还利于维护企业形象，在商务交往中个人代表整体，个人形象代表企业形象，个人的所作所为就是企业的典型活体广告。一言一行，一举一动，所谓此时无声胜有声。

谈判心理策略分析：

1. 仪容礼仪

谈判者出入谈判场合，应该讲究仪容仪表艺术。正所谓“佛要金装，人要衣装”，整洁得体的服饰和大方的仪表不但可以美化一个人的外表，而且可以反映你的个性、审美情趣和文化品位等。一位仪表得体的谈判者，可以给谈判对手留下良好的第一印象；而一位衣冠不整的谈判者不但自毁形象，而且会给人一种邋遢的感觉，这样的形象极其容易被谈判对手轻视。所以谈判者需要注重仪表礼仪，不一定要穿名牌，但着装一定要合体、合适。

比如女士的仪容仪表包括头发、发型发式、面部修饰、着装、丝袜、皮鞋，以及携带的必备物品等。发型应该保持美观、大方，在女士选择发卡、发带时应注重庄重大方，在正式谈判场合应该以淡妆为主，不应该浓妆艳抹。女士在着装时要严格区分职业套装、晚礼服及休闲服之间的差别，尽量避免无领、无袖、太紧身或者领口开的太低的衣服，款式要尽量合身。

而男士的发型发式标准是干净整洁，注意经常修饰、修理，头发不宜过长，前部和头发不要遮住眉毛，侧部的头发不要盖住耳朵，后部的头发不宜过长。男士在面部修饰方面要注意每天进行剃须修面以保持面部清洁，随时保持口腔清新，不要带有香烟味、酒气等刺激性气味。男士的着装以西装打领带最为稳妥，衬衫的搭配要适宜，通常情况，避免穿夹克衫，或者西装与高领衫、T恤或毛衣搭配，西装一般以深色为主，避免穿有格子或者颜色艳丽的西装。

2. 介绍顺序

在谈判过程中，介绍的礼仪规则是：不分男女老幼，先把社会地位低的人引见、介绍给社会地位较高的人。比如“王总经理，请允许我想您介绍本公司的业务代表小李。”然后对小李说：“小李，这位是山水公司的王珂总经理。”在大型的商务谈判中，通常是由双方主谈人或主要负责人互相介绍各自的谈判人员。假如是一方的代表同时介绍双方的谈判人员，应先介绍己方人员，然后再介绍对方人员，以示尊重对方代表。

3. 握手礼仪

握手是目前世界上大多数国家人士见面时互相敬意的普通方式之一，谈判双方人员会面和离别时，通常以握手作为友好的表示，所以谈判人员不可忽视握手礼仪。通常主人应向客人先伸手，以表示欢迎，在机场、宾馆或会谈室接待来宾，不管对方是男士还是女士，主人都应先伸手，在离别时主人不必先伸出手，以免有催促客人赶快离开之嫌。

通常男士应等女士先伸出手后方可伸手去握，男士与女士握手，通常只需握一下女士的手指部分，不要握得太紧，也不可以握得太久。假如对方是上流社会贵族妇女则先伸出手作下垂式，男士将其指尖轻轻托起吻之。握手时，主人、女士、年长者、身份高者先伸出手，是为了表示对他们的尊重，且握手时应注意对方的眼睛，微笑致意，切忌左顾右盼，心不在焉。

4. 守时守约

守时是谈判中的基本礼节，参加谈判的日常人员，需要准时按约定时间到达，不能迟到，也不能过早到达，以免主办方因未准备完毕而出现手忙脚乱的难堪情况。假如不能如期赴约要事先打招呼，因故迟到要主动道歉。

5. 言谈礼仪

在商务谈判时要巧于辞令，措词准确，语气神态要融合现场气氛。谈判者要注意自己提问的方式，不可唐突，咄咄逼人。在陈述时要娓娓道来，不能东拉西扯，傲慢无礼。在谈判时要心平气和，以理服人。

6. 举止优雅

谈判桌其实就是一个人的活动舞台，若是举止不当，不但直接影响谈判效果，同时也会自损形象。所以谈判者的举手投足，一颦一笑都需要符合公务活动的规范，特别要注意和对方保持一定的距离，不能过于亲近和疏远。

7. 尊重对方

谈判者需要在谈判桌上营造一种友好的气氛，不能弄得硝烟弥漫，刀光剑影，这就需要充分尊重对方，包括尊重对方的风俗习惯，交谈中不要涉及到隐私、禁忌及敏感问题，更不能拿对方的生理、穿戴、习惯等作为话题加以取笑。

8. 互赠名片与施礼

交换名片也是很有讲究的，接过对方的名片后应点头致意，并妥善保存。假如在谈判桌上一次接受几张名片时，最好接受名片依次摆在桌上，与对方的座次一致。在谈判交往中，适当施礼是必要的，互赠礼物可以增进双方的情谊，融洽彼此之间的关系，创造良好的谈判氛围，不过赠送礼物要恰当，不宜太贵重，以免让人觉得你另有所图。

收集相关的谈判资料

谈判是有关方面就共同关心的问题互相磋商，交换意见，寻求解决的途径和达成协议的过程。谈判总是以某种利益的满足为目标，是建立在人们需要的基础之上的，这是人们进行谈判的动机，同时也是谈判产生的原因。简单地说，谈判就是对同一个问题或事情达成一致的协议。不过，商务谈判所需要的语言却与平时所说的语言不一样，谈判是双方的思想交流，除了临场发挥以外，还需要做好充分的准备。正所谓“不打无准备的战”，若是毫无准备的情况下就贸然进行谈判，那最终只会败下阵来。因此，日常谈判，需要准备充分而有力的资料，这些资料包括对方的详细情况、我方需要达成的协议以及预想谈判的议程，等等。

凡事预则立，不预则废，商务谈判前应做足充分的准备，尽管无法保证一定能成功达成目的，不过可以让自己处于有利的处境，保证谈判顺利进行。许多人进行商务谈判都是匆忙上阵，灰头土脸下阵，赢了不知道缘由，败了不知道原因。之所以会出现这种情况就是源于没有进行精心的材料准备，那么，在商务谈判之前我们究竟应该做好哪些准备工作呢？

下面是一则为谈判所准备的材料：

一、了解谈判双方交易的相关情况

1.双方的分析

我方分析：品牌价值几十亿，资金雄厚。如今已占据了国内南方的市场，现在的打算是发展北方市场。鉴于北方地区的销售网络建设投资太大，想找一个当地合作伙伴，共同建设生产与销售的机构。这样可以减少投资，分散风险，还可以缩短进入市场的时间。

对方分析：与该地区饮料行业关系密切，看好我公司在北方的发展前景，更想借我公司的知名品牌快速提高市场占有率，表示愿意与我方进行洽谈合作。

2．谈判标的分析

我方分析：我公司主要的产品是各类饮料，我集团掌握了技术按一定的浓缩比例提供饮料生产必须的核心材料，广泛应用于各类饮料的生产，有效地支持生产商制造优质的饮料产品。公司提供专家级的服务，包括市场建设、质量管理和工程技术咨询。

对方分析：其环境、气候、资源、政策条件适合我方建厂经营。对方有当地政府的政策支持，在北方市场有较强大的销售网络，拥有较为充足的资金。

二、谈判过程设计及预测

1. 成交目标

建议工厂设计规模至少为年产量1亿瓶纯净水；需对方建厂土地至少30亩；需引进德国全套纯净水生产线，拟定生产设备投资5000万到8000万元，而且设备由我方采购

……

2. 谈判地点、时间

某市，2011年6月30日

……

在进行谈判之前，我们就应该掌握相当多的资料，首先应该详细地了解对方的所有情况。俗话说："知己知彼，方能百战不殆。"只有对谈判的另一方有了较为充分的了解，在谈判现场才能有效地掌握主动权，从而逐步赢得头筹。反之，如果对于对方的情况，你一无所知，那你就只能被对方牵着鼻子走。

其次，还需要了解我方需要达到什么样的目的，以及妥协的最低限

度。仅仅是了解了对方的情况还远远不够，还需要相当熟悉自己的情况，因为在谈判中你所做的每一个决定都将以自己的情况作为基础，否则你便不知道自己到底需要达到什么样的目标。最后，还应该预设一个谈判过程以及相应地预测，及时地了解谈判过程中可能出现的问题，提早做好准备，避免正式谈判时手忙脚乱。

谈判心理策略分析：

在准备谈判的过程中，我们还需要注意这样几个问题：

1. 资料越多越好

谈判一方所掌握的资料越详细越好，有的谈判者甚至会了解到对方谈判代表的喜好，以至于在实际谈判中能在交谈中影响对方心理。总之，所掌握的信息和资料是永远不嫌多的，不过在掌握了大量资料之后，需要对资料进行提炼，获得其中精髓的部分。

2. 资料越具体越好

当然，这些资料并不是笼统的，而是需要详细具体，能够清楚地弄明白到底是什么情况，而不是模糊不清，这样你在实际谈判时也会吞吞吐吐，或者说不清楚，继而影响到谈判的结果。

3. 搜集和分析情报

在一些招投标项目中，搜集与分析情报至关重要，招标方对于这次招标是如何定义的，是寻求标物的性价比，还是仅仅要求价格最低，或者是为了照顾关系户，招标方对标的物最在意的是质量、工艺还是价格，这些都是需要对情报进行搜集分析。这就是为什么招投标之前，很多公司会把关键人物集中起来，封闭在一个酒店里，严禁与外界联系。

4. 了解谈判的实质结构

在谈判之前，我们需要对谈判的实质结构加以了解，比如本次谈判参加者是谁、头衔分别是什么、性格特点是什么；是在自己地盘内谈判，还是在对方的地盘谈判，或者是在第三方地点谈判。因为谈判的参加者与地点都是谈判中的结构，会直接影响到谈判的结果。

好的谈判团队是成功的一半

任何一个组织，不管大小都需要团队合作，虽然合作的形式会有所差别，但高效的团队合作，往往是组织成员共同努力的结果，因为组织内上下级，员工与员工之间是一个复杂而微妙的动态过程，而并非简单的加权。而谈判团队作为一个典型的组织团队也是这样。如今，谈判变得越来越复杂，所牵涉的范围也比较广泛，所需要的知识也很广博，诸如产品、技术、市场、金融、法律等多方面，假如是牵涉到国际间的谈判，还会涉及国际法、外语等知识，如此纷繁的知识绝不是仅凭一个人就能办到的。因此，谈判除了一对一的方式之外，更多的时候是一个谈判团队对另外一个谈判团队。为了实现某个具体的谈判目标，按照新的组合放大了个人的力量，从而形成了一种新的力量。

此外，谈判团队的组合实际上是一种优势互补。在实际生活中，即便是再高明的谈判家，他也有不知道的地方，他也有自己的不足之处，总是这里或那里搞不明白。而对这样的情况，若是找一个能与之互补的人组成团队，那岂不是更完美了？我们都知道，一个人能力再强，但也到不了想干什么就干什么的地步，因此一个好的谈判团队往往了聚集了众多个人的力量，从而形成更强大的力量，而这样的力量恰恰是在实际谈判中所需要的。所以，如果你想在谈判中赢得头筹，那组建一个好的谈判团队是很有必要的。

公司建立了以王先生为首的谈判团队，在这个团队里每个人都有自己的具体职能。王先生作为团队的领袖，他几乎处理所有面对面的谈判，他是整个谈判的组织者，负责大部分“说”的工作，或者是提出新的问题和新的提议，或做出妥协和让步。

团队中的小李是评论员，他主要负责总结目前的进展，阐明目前所存在的问题。观察员小赵主要负责观察并监控人们通过话语和肢体语言，面部表情所传递出来的信息。小凡是团队里的分析员，主要负责记录并分析全部的数字和其他数据，对方的出价方式和做出让步的方式，这样有助于理解其谈判的目标和优先考虑的问题。

俗话说："三个臭皮匠，顶个诸葛亮。"一支管理精良的谈判团队具有这样的优势：可以代表公司内部的多方利益；可以保障企业内部各方对最终协议的坚定执行；可以有效地提高团队成员的自信；让整个团队在谈判桌上相当具有杀伤力。当然，我们在建立谈判团队的时候，不要考虑要与对方团队的人数相比较，因为相比较很多人却臃肿的团队，一个少而精良的团队要好很多。

有些谈判者喜欢一个人与对手进行谈判，因为他们喜欢这种形式所带来的控制感。但即便是最简单的谈判也有其复杂的地方，而且极少有人能在谈判中同时身兼说、听、看和计划这样几项工作。在这时若是有一个精良的谈判团队，那必然会拔得头筹。

那我们在组建一个较好的谈判团队时应该考虑到哪些问题呢？

谈判心理策略分析：

1. 明确谈判团队的人员组成原则

在组建谈判团队时，需要考虑两方面的内容：一方面是需要成员具有良好的专业基础知识，而且能快速有效地解决谈判中可能出现的问题；另一方面参加谈判人员必须关系和谐，可以求同存异。简单地说，就是需要成员遵循知识的互补性，包括性格、能力的互补。

2. 对谈判成员数量进行有效地控制

可能有人会问一个谈判团队有多少人构成才是最合适的呢？国内外的专家普遍认为大概需要6个人组成，其主要是谈判管理员、经济人员、技术人员、法律人员、翻译人员、记录人员这六个人组成。人员的搭配要适当，也可以适当做出调整。

3. 确定主谈与辅谈

在整个谈判团队中，主谈是大将，决策者是元帅，智囊是军师，只有每个人认清了自己的位置，才不会有内部斗争。主谈作为公司代表，其言语代表着公司，因此谈判桌上主谈的发言就是公司的发言，主谈的表态就是公司的表态，这是保证谈判团队发出一致的声音，不能有两个声音出现。而辅谈是配合主谈，辅谈通常是对项目有极深的专业认识，或是因战术需要的智囊成员。

在谈判团队中，最重要的是选择合适的主谈，在主谈的选择上，要选择既能坚守原则，又可以灵活变通的人来担当，经常会有一些谈判因为主谈过于死板而僵硬的思维，最终导致谈判破裂。尽管我们先前不能准确预计谈判中对方会说什么，会做什么，但对主谈灵活应对的能力是非常重要的。既然主谈代表了公司，其言语行为具有决定作用，一定要慎重选择。

4. 不可或缺的军师

智囊就是军师，与主谈配合能够争取更多的谈判筹码，因此主谈要充分发挥智囊的作用，为目标铺路。比如常见的有黑红脸战术，这个战术尽管最常用，不过要用好，不但需要两个人的默契配合，而且需要恰到好处地表演。

5. 成员之间要形成优势互补

谈判成员之间要形成优势互补，这个互补性不但是职务、专业技能上，而且包括性格、爱好等方面。谈判是人与人之间的对话，当面对关键人物或发展关键线人时，我方谈判团队内应有合适的人选。对于谈判桌外的交际，人的性格、爱好就显得十分重要，针对目标人物，我方要有应对人员。因此，尽早掌握对方谈判关键人物相关信息，也便于我方有针对性地组建谈判团队。

拟定计划，准备充分

谈判计划是谈判过程的初始阶段，包括在对交易内容进行可行性调查研究的基础上进行的计划，确定谈判主题，明确谈判要点，挑选谈判人员，草拟谈判方案以及制定谈判措施等。在谈判之前，我们需要制订一份完整的“商务谈判计划”，这关系到谈判的结果，也直接影响谈判者自身公司的利益及其在公司的前途。

通常情况下，谈判的准备工作就是制订一个简单、具体而又有弹性的谈判计划。因此这个计划应该是尽量简洁，以便其他成员可以记住其重要内容。计划必须具体，不能只求简洁而忽略具体，既不要有所保留也不要过分细致。而且，这个计划还需要有弹性，谈判者需要善于领会对方的谈话意图，判断对方的想法与自己的计划的区别所在，从而灵活地对谈判计划进行调整。

谈判心理策略分析：

1. 组建谈判团队

一个优秀的谈判团队除了必须具备相应的专业技术知识外，还必须具备一定的谈判经验，而且能够融洽地处理同事之间的关系以及与谈判对手的关系。为了使谈判高效运作，谈判团队可以由谈判组长、技术专家、商务专家、财务专家、法律专家、后勤保障人员。

2. 谈判成员分工

按照谈判小组成员的各自特长，进行合理分工，明确责任范围，关键的是解决在分工基础上的小组成员的全面合作问题。在确定完谈判小组成员后，可以组织一次全体成员会议，将所了解的对方的全部情况向全体成员详细说明，进行明确分工，强调团体合作。

3. 拟定谈判目标

谈判目标必须明确，具体，同时，谈判团队的各成员应该清楚认识到这是谈判的重要原则，所有的谈判工作都必须围绕着谈判目标的实现而开展。简单地说，谈判的所有活动都将围绕这一个谈判目标展开，谈判结束后势必达成这个谈判目标。

4. 确定谈判的地点

通常情况下，假如谈判需要进行两场以上，那己方与对方都将准备一个谈判地点。为了避免在对方公司谈判时的被动局面，那我们谈判主场可以安排在接待对方代表的酒店。那么下一轮在对方所在地谈判时也可以要求在酒店会议室进行，这样是公平合理的。安排在对方所住的酒店可以让对方代表消除由于第一次到己方而带来的陌生和紧张的感觉，有利于创造出良好的谈判开局气氛。尽管这会增加酒店会议室的费用，不过这样的费用承担是值得的。

5. 确定谈判日程

拟定时间表与对方协商，或者确认对方拟定的时间表，确认时间、议题、以及预期达到的结果。在不能按照预期进行谈判时要采取补救措施，假如某天没能就某议题达成协议则利用晚上的时间继续谈判，一周未能达成一致，则利用周末继续谈判，或者暂缓谈判安排另外时间或延长时间等。

若是一次谈判不可能达到最后协议，那还需要安排第二轮谈判。所以谈判日程尽量安排紧凑一些，最好能在一天之内全部安排完毕，留下足够的时间安排对方代表考察己方公司，向对方展示己方实力。若对方谈判代表是第一次到己方所在地，那按照惯例必须安排对方代表在己方所在地的旅游活动，给对方谈判人员留下美好的印象。第一次谈判只需要就主要议题进行安排，安排不完或这次不能达成协议的议题，可以暂且放在下次进行。

6. 拟定谈判策略

按照谈判日程，面对不同的谈判阶段制定完善的谈判策略，而且简单地用文字表述出来，以便谈判成员熟记于心。比如在开局阶段，己方在做公司介绍时要重点介绍哪些知名企业是己方的长期用户，己方公司为这些企业保证产品质量、降低成本方面做了哪些贡献；在报价阶段，为了展现己方的真诚，在报价原则上直接报出所能己方可以给对方降低产品成本的各方面的帮助，为后面的谈判留下足够的空间。

而在议价的阶段，需要重点强调己方可以为对方降低产品成本，毕竟这是对方最关心的事情；在让步策略上，在提供己方的专业知识及经验方面作出比较大的让步，即便对方不要求，在知识及经验的传播上我们也应是不遗余力的。

7. 搜集谈判资料

可以由谈判小组的后勤保障人员列出相关信息资料列表，逐一准备，包括背景资料、行业资料、对方信息资料、相关法律资料、相关标准资料、技术资料、产品或服务资料、商务资料、财务资料等。

8. 准备合同文本

通常来说，谈判结束后再准备合同是很不好的习惯，毕竟匆忙地准备合同必然会产生遗漏，总有考虑不到的地方。不论对方是否准备合同文本，己方都需要做好充分的准备，即便最后是按照对方的合同文本进行合同条款谈判，己方也需要准备合同文本，避免陷入合同陷阱。所以，谈判小组成员的法律专家应起草一份合同文本作为准备，若是谈判进行得顺利，在第一轮谈判结束时基本达成一致，己方应主动提交合同，若谈判不成功，则留待下次使用。

9. 准备一套应急方案

毕竟双方是第一次进行商务谈判，彼此都不太了解。为了让谈判顺利进行，给对方谈判人员留下美好印象，再加上本次谈判是在己方所在地进行，对方代表在许多事情上毕竟不像在家里那样方便。许多意外的事情是我们无法预料的，所以应该考虑得更多、更周全。

比如在成员方面。若确定的谈判成员由于公司其他事情或个人的原因不能按时到达，应由谁替代？谈判过程中，由于某位成员有紧急事情而不能继续谈判，临时从公司抽调人又来不及，这时如何安排？

在场地及设备方面，己方考虑的是在酒店会议室谈判，不会像公司那样方便，那必须考虑到电力、设备等故障的应急处理措施，通常这些在签订会议室使用合同时就应要求酒店给出方案。

拟定谈判议程

通常情况下，谈判议程的安排对谈判双方都是十分重要的，议程本身就是一种谈判策略，一定要特别重视这项工作。谈判议程通常要说明谈判时间的安排和议题的确定，谈判议程可由一方准备，同时也可以由双方协商确定。而议程包括通则议程和细则议程，通则议程由谈判双方共同使用，细则议程供己方使用。

商务谈判是一项技术性较强的工作，为了让谈判在不损害他人利益的基础上达成对己方更加有利的协议，可以随时灵活地运用谈判技巧，不过又不让别人察觉。一个制作良好的谈判议程，应该可以驾驭谈判。谈判就好像双方作战一般，而谈判议程则成为己方纵马驰骋的缰绳。你可以被迫让步，可以被击败，不过只要你可以左右对方的行动，而不是听任对方的摆布，那你依然在某种程度上占据优势，而且你的各方面计谋将略胜于对方。

谈判心理策略分析：

谈判者在拟定通则议程和细则议程时需要注意以下几个问题：

1. 合适的时间安排

时间的安排，也就是确定在什么时间举行谈判、多长时间、各个阶段时间怎么样分配、议题出现的时间顺序等。谈判时间的安排是议程中的关键环节，假若时间安排得比较匆忙，准备不够充分，匆忙上阵，情绪急躁，就难以冷静地在谈判中实施各种策略；假若时间安排得很松散，这样不但会耗费大量的时间和精力，而且随着时间的推迟，各种环境因素都会发生变化，同时还可能错过一些关键的机会。

2. 拟定谈判议题

所谓的谈判议题就是谈判双方提出和讨论的各种问题，要想确定谈判议题，那就首先明确己方打算提出什么问题，需要对哪些问题进行讨论。

然后把这些问题全盘进行比较和分析：哪些问题是主要议题，将这些列入重点讨论范围；哪些问题不是重要的问题；哪些问题是可以忽略不计的。此外，分析这些问题之间存在着什么关系，在逻辑上有什么联系，预测对方会提出什么样的问候，哪些问题是己方必须认真对待、全力以赴去解决的；哪些问题可以按照情况作出让步，哪些问题可以不进行讨论。

3. 拟定谈判议程

毕竟谈判的议程安排要按照己方的具体情况，在程序安排上可以扬长避短，也就是在谈判的程序安排上，保证己方的优势可以得到充分的发挥。同时，议程的安排和布局要为自己出其不意地运用谈判策略埋下契机，假如谈判者比较有经验，他是不会错过利用拟定谈判议程的机会来筹划谋略的。

所拟定的谈判议程内容要能够体现己方谈判的总体方案，统筹兼顾，引导或控制谈判的速度，以及己方让步的限度和步骤等。而且，在议程的安排上，不宜过分伤害对方的自尊和利益，以免导致谈判的过早破裂。不要将己方的谈判目标，尤其是最终谈判目标通过议程和盘托出，让己方处于不利地位。

不过，议程由自己安排也有不利之处，己方准备的议程往往透露了自己的某些意图，对方可分析，在谈判前拟定对策，使己方处于不利地位。同时，假如对方不在谈判前对议程提出异议而掩盖其真实目的，或者在谈判过程中提出修改某些议程，那容易导致己方处于被动地位，甚至于导致谈判失败。

4. 谈判通则议程与细则议程

通则议程是谈判双方共同遵守使用的日程安排，通常要经过谈判双方协商同意后方可以正式生效。在通则议程中，一般会确定这样一些内容：谈判总体时间及分段时间安排，双方谈判讨论的中心议题，问题讨论的顺序；谈判中各种人员的安排；谈判地点及招待事宜。

通常细则议程是己方参与谈判的策略的详细安排，只供己方人员使用，具有一定的保密性，其主要包括这样一些内容：谈判中统一口径，比如提出的观点、文件资料的说明等；对谈判过程中可能出现的各种情形的应对策略安排；己方发言的策略，什么时候提出问题？提出什么样的问题？向什么样的人提出问题？谁来提出问题？谁来补充这个问题？谁来回答这个问题？谁来反驳对方的提问？在什么样的情形下要求暂时停止谈判？谈判人员更换的预先安排；己方谈判时间的策略安排、谈判时间期限。

5. 关于对方提出的议程安排

作为己方，未经详细考虑后果之前，不要轻易接受对方提出的议程。在安排问题之前，要给自己充分的思考时间；仔细研究对方所提出的议程安排，便于发现是否有什么问题被对方摒弃在议程之外，或可作为用来拟定应对策略的参考；不要显示出己方的要求是可以妥协的，应尽量早点表示你的决定。如果你对对方提出的议程不满意，可以鼓起勇气去修改，而不要被对方编排的议程束缚住思维，尤其要特别注意利用对方议程中可能暴露的谈判意图，后发制人。

当然，谈判议程只不过是一个事前计划，并不代表一个合同，假如谈判的任何一方在谈判开始之后对议程的形式感到不满意，那都要及时地去修改，而不要觉得不好意思，否则双方都负担不起因为忽视议程而导致的损失。

第02章

开口第一句，先声夺人——开场的策略

俗话说得好，一个良好的开始是成功的一半。在一次谈判中，开场是十分关键的，这是因为它可以传达出有关双方的态度、意图以及对他人的感觉等信息，从而决定自己以什么姿态出现之前先探查出对方的基本姿态。

几句寒暄拉近双方距离

在正式谈判开始之前，双方所进行的就是寒暄、入座，有的人认为这不过是最简单的程序，不过就是打个招呼，彼此入座吗？其实这样简单考虑的人往往会吃亏在这点上，谈判尚未开始，那将意味着整个谈判的基调都将从这里开始，气氛是缓和，还是紧张，都全靠那几句寒暄话。高明的谈判者往往会以简单的几句话就能奠定良好的谈判氛围，而那些缺乏好口才的谈判者则通常是一两句话就让整个场面变得尴尬。因此在谈判正式开始之时，作为谈判者要善于说几句好话，积极营造和谐愉快的氛围。我们所说的寒暄，也就是打招呼，这是人与人之间建立语言交流的方法之一。通过彼此的寒暄，会让陌生的人相互认识，让不熟悉的人变得熟悉，让冷冷的气氛变得活跃起来，更为双方进行深入的交谈架设桥梁，达到顺利沟通的目的。

谈判气氛是谈判对手之间的相互态度，它可以影响谈判人员的心理、情绪和感觉，从而引起相应的反应。可以说，谈判气氛对整个谈判过程具有十分重要的影响，其发展变化将直接影响整个谈判的前途。比如，相对热烈、积极的、合作的气氛会将谈判朝着达成一致协议的方向推进。在谈判一开始，假如我们能说几句妙语，那就会让双方有一种“有缘相知”的感觉，彼此都愿意有好的合作，都愿意在合作中共同受益。谈判中的哪一方控制住了谈判开局的气氛，那么，某种程度上就等于控制住了谈判对手。

谈判实景一：

中国一家彩电生产企业准备从日本引进一条生产线，于是与日本一家公司进行了接触。双方分别派出了谈判小组就此问题进行了谈判。

谈判当天，当双方谈判代表刚刚就坐，中方的首席代表王副总经理就站了起来，他对大家说："在谈判开始之前，我有一个好消息与大家分享，我的太太在昨天夜里为我生了一个大胖儿子！"这话一出，中方职员纷纷站起来向他道喜。

在这样热烈气氛的带动下，日方代表也纷纷站起来道贺。整个谈判会场的气氛顿时高涨起来，谈判进行得很顺利。中方企业以合理的价格顺利地引进了一条生产线。

在谈判过程中，这个王副总经理为什么要提自己太太生孩子的事情呢？原来，这位王副总经理在与日本企业的以往接触中发现，日本人总是板着面孔谈判，造成一种冰冷的谈判气氛，这很容易给作为谈判对手的自己造成一种心理压力，从而使对方控制整个谈判，趁机抬高价格或提出更多的条件。于是，王副总经理便想出了自己的喜事来打破对手的冰冷面孔，营造出一种利于自己的热烈气氛。

谈判实景二：

东南亚某个国家的华人企业想要为日本一著名电子公司在当地做代理商，双方几次磋商均未达成协议。在最后的一次谈判中，华人企业的谈判代表发现日方代表喝茶取茶杯的姿势十分特别。于是，他说："从您喝茶的姿势来看，您十分精通茶道，能否为我们介绍一下？"没想到，这句话正好点中日方代表的兴趣所在，于是他滔滔不绝地讲起来。结果，后面的谈判进行的异常顺利，那个华人企业终于拿到了他所希望的地区代理权。

原来，营造良好的谈判氛围，在轻松愉悦的气氛中可以缓解谈判中的紧张情绪，增进人们的感情。在良好的氛围下，人们更容易被尊重，也更容易获得支持与关注，而且，良好的氛围更容易达成一致的协议。

谈判心理策略分析：

1. 语言尽量委婉含蓄

不管你所需要达成什么样的谈判目标，在与对方交谈时也尽量使用含蓄委婉的语言，以和为贵，力图为后面谈判的顺利进行营造良好的氛围和条件。有的人一见面就直言直语，心中的喜怒情绪暴露无遗，若是在这时说了一些破坏气氛的话，那肯定会对整个谈判带来极为不利的影响。

2. 态度要诚恳

作为谈判的一方，在正式谈判之初，你需要通过语言表达出内心的诚恳，表示自己很愿意达成最后的协议，希望本次谈判能取得好的成果。通常只要对方感受到了你态度的诚恳，一般都会以同样的态度对待，这样和谐融洽的氛围就有了。

3. 问候型寒暄

问候型的寒暄语又分为典型问候型、传统意会问候型、古典问候型。

（1）典型问候型

通常，典型的问候说法就是问好，常常会说“你们好！”“大家好！”等，这是典型的寒暄语，也是人际交往过程中最常用的一种问候语。在最近几年，在人际交往中也开始流行英文化的问候方式，比如“嗨”“哈喽”。

（2）古典问候型

这样的寒暄语具有古代的文化色彩，比如“幸会”“久仰”，等等。这样的寒暄语书面风格比较鲜明，通常用于比较正式、庄重的场合，而在一般的日常交际中用得比较少。假如我们不顾当时情境的实际情况，自顾地说“久仰久仰”，那很可能会引起对方的反感。

（3）传统意会问候型

这样的寒暄语指的是一些貌似提问，实际上却是表示问候的招呼语。比如“上哪去呀？”“吃过饭了吗？”“怎么这么忙啊？”等，在人际交往中，这样的语言并不是提问，而是见面时交谈开始的寒暄语，对方并不需要回答。当然，这样的寒暄语常用语较为熟悉的人之间。

4. 关照型

关照型寒暄主要是在寒暄是要积极地关注对方的各种需求，在寒暄过程中要不露痕迹地解决对方的疑问。在人际交往中，对方的需求可能是生活方面的，更多的是心理感受方面的，假如我们在寒暄中可以针对性地关注这些方面的问题，就可以在一定程度上解除对方的某些必要的或不必要的担心，就可以有效地活跃应酬的气氛。

5. 攀认型

攀认型寒暄，也就是抓住双方共同的亲近点，并以此为契机进行发挥性问候，从而达到与对方顺利接近的目的。我们在与他人接触的时候，只要留心，很容易就会发现自己与对方有着这样或那样的共同点，比如“老乡”“自己喜欢的地方”“自己向往的地方”，等等，这就是与对方攀认的好时机，也可以制造出与对方“沾亲带故”的关系，比如“大家都是四川人，我母亲出生在四川，说起来，我们算是半个老乡了”。

绝妙的开场白，先声夺人

在日常交际中需要有精彩的开场白，出语不凡的开头，能唤起听众的兴趣和求知欲，产生巨大的吸引力，从而仅仅抓住对方的心，让对方非听下去不可。另外，精巧的开场白，可以画龙点睛地勾勒出话题的主旨，能自然顺畅地引领下文，将对方带进声情并茂地讲话情景中去，造成有利于接受说话内容的心理定势。一个好的开场白是很重要的，假如没有一个好的开头，想在整个沟通过程中始终做到轻松、巧妙的状态是很不容易的。一个深谙谈判的人，他们往往很重视说话的开场白。其实，原因很简单，开场白是我们向对方出示的第一个同时也是最重要的信号，是否能以适宜的开场白抓住对方的兴趣，引发他们听的兴趣以及打开彼此的陌生感就取决于这最初发出的信息。

抗战期间，著名的作家张恨水在成都中央大学的即席讲话中说道：“今天，我这个鸳鸯蝴蝶派的作家到大学来演讲，感到很荣幸。我取名‘恨水’不是什么情场失意，而是因为我喜欢南唐后主李煜的一首词《乌夜啼》中的‘恨水’二字，我就用它作了笔名。”

这种开头把自己的文学流派、性格、爱好，毫不隐瞒地介绍出来，给人留下一种真诚、坦率的印象，让人听了生出一种莫名的好感，从而达到了很好的破冰效果。

谈判实景：

一位漂亮的女郎在首饰店的柜台前看了很久。售货员问了一句："这位女士，您需要买什么？""随便看看。"女郎的回答明显缺乏足够的热情。不过，售货员发现这位女士总是有意无意地触摸自己的上衣，好像对自己的上衣很是满意，售货员忍不住说："您这件上衣好漂亮呀！你的眼光真不错。"一下子就将话题拉到了对方身上，果然，"啊？"女郎的视线从陈列品上移开了，移到了自己感兴趣的上衣上面，"这种上衣的款式很少见，是在隔壁的百货大楼买的吗？"售货员满脸热情，笑呵呵地继续问道。

"当然不是，这是从国外买来的。"女郎终于开口了，并对自己的回答颇为得意。"原来是这样，我说在国内从来没有看到这样的上衣呢。说真的，您穿这件上衣，确实很吸引人。""您过奖了。"女郎有些不好意思了。"只是……对了，可能您已经想到了这一点，要是再配一条合适的项链，效果可能就更好了。"聪明的售货员顺势转向了主题。"是呀，我也这么想，只是项链这种昂贵商品，怕自己选得不合适……"

在案例中，首饰店自然是卖首饰的，而首饰自然是作为服饰搭配的。在整个与客户交流的过程中，导购很细心地去观察对方，而且，巧妙地将话题引入寒暄之中，比如"这位女士，您需要买点什么"，当听到顾客爱理不理的态度"随便看看"，导购并没有泄气，而是适时地说了一句寒暄语："您这件上衣好漂亮呀！你的眼光真不错。"显而易见，称赞对方的上衣，肯定是希望对方能挑选一件首饰作为服饰的搭配。所以，这样的寒暄恰到好处地将对方引进话题中，当然，最后这位导购达到了自己的目的。

谈判心理策略分析：

开场白是指见到对方以后的第一次谈话，良好的开场白对于树立良好的印象十分重要。说话虽然看起来很简单，但是要真正地做到有一个良好的开场白并不容易。如何做好开场白对我们而言是一个不小的挑战，这是因为在与对方交谈的时候，不是简单地介绍自己，而是首先要与对方建立良好的人际关系。所以，良好的开场白可以营造一个轻松、愉快的环境，这样才有利于我们与他人之间建立良好的人际关系。

那在日常交际中，我们如何选择精彩而吸引听众的开场白呢？你可以采用下面几种方式。

1．顺手拈来式

顺手拈来式，就是接过别人的话头，顺势发表讲话。这样的开场白可以连接前一位发言者的说话，也可以顺势发表自己的见解。但是，需要找到前面发言者和自己的所讲话题的切合点，才能巧妙地使用。

2．自我贬抑式

自我贬低式的开场白，也可以使气氛更轻松活跃。开场白虽然采用了自我贬损，但效果正相反，不但表现了说话人的坦率幽默、机智随和，而且备受听者的欢迎。

3．自我介绍式

即开头自我介绍，可以介绍自己的姓名、身份、职业、经历、爱好或表明自己的立场观点。这种开头形式给人一种诚挚、坦率的感觉。

4．开门见山

就是一开始就用高度凝练的语言把基本的目的和主题告诉听者，引起他们的想听下文的欲望，然后再接着在主题部分加以详细的说明和阐述。这是一种提携纲领式的手法，立即进入正题，不迂回，不啰嗦，不要任何多余的赘言。

幽默风趣的语言容易打动对方

美国幽默大师罗伯特·奥本说："每天早上起床后，我都看一遍福布斯美国富翁排行榜。如果上面没有我的名字，我就去上班。"这是一句多么幽默的话语，不仅给人带来了快乐，也温暖了自己心灵。幽默，是快乐的精灵，在很多时候，我们需要运用幽默的语言来营造良好的谈话氛围。在日常谈判中，许多人都表现得太严肃，他们总认为凡事都应该认真，开不得半点玩笑，否则会坏了大事。

其实，事实并不是这样，幽默恰恰为枯燥的工作带来了快乐，缓解了压力，在轻松的氛围中，再谈谈工作的事情，或许，彼此都会感到轻松不少。尤其是在谈判场合，更需要我们恰当地运用幽默语言来创造良好的谈话氛围，化解谈判开局的尴尬，最终促成谈判的成功。

谈判实景一：

丘吉尔是一位善于使用幽默语言的首相，尤其是在谈判中，他屡次使用幽默语言，屡次获得了不错的效果。

1943年，英国首相丘吉尔与法国戴高乐将军因叙利亚问题产生了意见分歧，两人心中都有芥蒂。而在这之前，被丘吉尔颇为看重的布瓦松总督被戴高乐逮捕了，对此，双方都感觉这个问题变得棘手了，要想解决这个问题，只能是面对面的谈判。当时，丘吉尔的法语讲得不是很好，而戴高乐的英语却讲得很漂亮。

两人见面了，气氛变得紧张起来，丘吉尔先用法语打招呼：“女人们先去逛市场，戴高乐、其他的先生跟我去花园聊天。”然后，他高声说了几句英语：“我用法语对付得不错吧，是不是，既然戴高乐将军英语说得那么好，一定可以完全理解我的法语。”话音刚落，戴高乐将军以及其他人都笑了起来。丘吉尔的这番幽默消除了之前紧张的气氛，建立了良好的谈话氛围，使整个谈判得以在和谐与信任中进行。

丘吉尔与罗斯福的谈判，也可以说是幽默语言使用的典型例子。在二次世界大战的时候，英国武器短缺，丘吉尔来到华盛顿会晤美国总统罗斯福，请求军需物质方面的接济。第二天进行会谈，凌晨，丘吉尔还躺在浴盆里，嘴里抽着雪茄，正在思考问题，没想到，罗斯福突然走了进来，两人相视愣住了，丘吉尔笑了，说道：“总统先生，大英帝国首相在你面前可真是没有半点隐瞒啊！”说罢，两人都不约而同地笑了起来，而此次谈判成功地推动了英美合作。

如此看来，幽默语言是谈判过程中的润滑剂，同时，也是化解谈判僵局和消除紧张气氛的良药，同时在这个过程中也赢得了对手的好感与信任。在谈判过程中，双方往往会因为一些主客观的问题各执一词，互不相让，在这时，若不及时化解，必然令谈判陷入僵持局面。对此，一些高明的谈判者会运用幽默的语言，使谈判脱离僵持的困境，化解尴尬，最后达成一致的协议。

谈判实景二：

前不久，中方代表就一合资项目与某国财团进行谈判。谈判刚刚开始，对方就说："我方设备技术先进，拥有自己的专利权，希望你们能开出一个令我们满意的价格。"如此漫天要价，使整个谈判陷入了僵局。

这时，中方一代表站起来，说道："中国是一个有着几千年的悠久历史的文明古国，我们的祖先在一千多年前就将四大发明：指南针、造纸术、印刷术、火药的生产技术无条件地贡献给人类，而我们的子孙从未埋怨过他们不要专利权，反而称赞他们为推动人类科学技术的进步作出了贡献。今天，中国在与世界各国的经济合作中，并不需要你们无条件地出让专利权，只要价格合理，我们是一个钱也不会少给您的。"不卑不亢的语言中，融入了幽默的力量，最终，促使对方愿意降低专利费，促成了整个谈判的成功。

如果双方就专利费各持己见，互不相让，那么，谈判肯定会陷入僵局。中方代表一席幽默语言，使整个谈判脱离了僵持的困境，化解了紧张的气氛，促成了和谐的谈判。现代社会，随着市场经济的发展，我们谈判的机会在不断的增加。于是，在谈判中，越来越多的谈判者喜欢追求幽默的语言，与此同时，幽默的语言也成为了每一个谈判者获得谈判成功的重要途径。

谈判心理策略分析：

1.幽默的语言有助于营造良好的谈判氛围

幽默的语言，对于营造良好的谈话氛围，促成此次谈判成功有重要的作用。许多人在谈判中都会有胆怯、不安的心理，这是在所难免的，这时，如果使用幽默的语言，就可以消除对方这种心态，使彼此在一个轻松自然的氛围中谈判。有时候，在谈判过程中，由于某些原因导致谈判的双方处于进退两难的窘迫局面，这时，一句幽默的语言往往会化解双方的尴尬，彼此相视而笑，那些让人不自在的范围自然会松缓了下来。

2. 幽默语言可以让我们赢得对手的好感与信任

美国谈判大师荷伯·科恩曾说："世界是一张巨大的谈判桌，谈判存在于生活的方方面面，很多时候，我们自觉或不自觉地就成为了某个谈判的参与者。"在日常工作中，谈判更成为我们工作中一项必不可少的内容。大多数认为，谈判应该是庄重的、严肃的，其实，若是在谈判中插入幽默的语言，不但可以缓和紧张形势，营造出友好的谈话气氛，还可以缩短彼此之间的距离，钝化对立感，使整个谈判变得更融洽。在国际谈判中，幽默语言可以使整个谈话更加顺利，彼此化干戈为玉帛，从而避免了战祸；在商业谈判中，幽默的语言巧于辞令，可以为你赢得对手的信任。

开场话题围绕对方兴趣爱好展开

著名口才大师卡耐基说："即使你喜欢吃香蕉、三明治，但是你不能用这些东西去钓鱼，因为鱼并不喜欢它们。你想钓到鱼，必须下鱼饵才行。"简单地说，在实际谈判中，当我们在与对方进行语言交流的时候，需要"忘记"自己的兴趣与爱好，用对方的兴趣爱好来展开话题，这样会使彼此之间的沟通更加顺畅。在谈判过程中，谈论对方的兴趣与爱好，这样能让对方感觉到受重视、受尊重，继而赢得了对方的好感与信任。许多人习惯于谈论自己的兴趣爱好，从来不考虑对方，这样的人永远不会得到对方的认同。所以，赢得对方好感与信任的诀窍在于，用他人的兴趣与爱好来展开话题，谈论他最喜欢的事情，这样才足以赢得对方的信任。

谈判实景：

阿美是一家房地产公司总裁的公关助理，奉命聘请一位特别著名的园林设计师为本公司的一个大型园林项目担任设计顾问。但这位设计师已退休在家多年，且此人性情清高孤傲，一般人很难请得动他。

为了博得老设计师的欢心，阿美在正式拜访之前做了一番调查，她了解到老设计师平时喜欢作画，便花了几天时间读了几本中国美术方面的书籍。这天，她来到老设计师家中，刚开始，老设计师对她态度很冷淡，阿美就装作不经意地发现老设计师的画案上放着一幅刚画完的国画，便边欣赏边赞叹道："老先生的这幅丹青，景象新奇，意境宏深，真是好画啊！"一番话立即使老先生感到一种愉悦感和自豪感。

接着，阿美又说："老先生，您是学清代山水名家石涛的风格吧？"这样，就进一步激发了老设计师的谈话兴趣。果然，他的态度转变了，话也多了起来。接着，阿美对所谈话题着意挖掘，环环相扣，使两人的感情越来越近。最后，阿美说服了老设计师，出任其公司的设计顾问。

人类本质里最深层的驱动力就是希望具有重要性，而且，一个人的兴趣与爱好是其人生中最看重的一部分，他希望自己的兴趣与爱好能够得到别人的认同与肯定。一旦你在谈话中巧妙地说到了他的兴趣所在，他就会转变之前的冷淡态度，开始滔滔不绝起来，在自己感兴趣的事情面前，任何人都会激起一种谈话的欲望。所以，如果你想让对方对你的谈话感兴趣，那就只能以对方的兴趣来展开话题，这样才能有效地博得对方的好感，令之后的沟通畅通无阻。

谈判心理策略分析：

在日常谈判中，双方的沟通最忌讳彼此沉默不语，或者对方总是一副爱理不理的样子。那么，如何打开对方的话匣子呢？最好的方法就是先从对方的兴趣谈起，这样会使整个谈话过程变得愉悦而畅快。当然，在这其中，我们可以通过提问这样的方式来深入了解对方的心理需求、心理动机以及所感兴趣、关心的事情，顺势展开话题，对方就会侃侃而谈。

1. 找到对方的兴趣点

每个人都有自己的兴趣爱好，因此，在谈判过程中，我们要想办法找到对方的兴趣点。可以在与对方交谈之前做好准备工作，打听对方有什么兴趣爱好；也可以通过自己的观察或提问来获得对方感兴趣的事情。

2. 话题先从对方的兴趣说起

在谈判过程中，为了获得更多有关对方的信息，也为了满足其自尊心，我们需要让对方尽可能地多说话。所以，话题要先从对方的兴趣说起，这样顺势展开的话题会利于整个沟通的顺利进行。

开场寒暄中的言语禁忌

寒暄，是我们天天都在做的事情，但善于寒暄，能准确、清楚地表达自己的意图，使对方乐意接受，却是一件不太容易的事情。心理学家理查得·班得勒说过，当你对他人说话时，你不是想给他传递信息，就是想改变他。但在这过程中，对方是否会接受你的意思，你的谈判目的是否能够实现，却又是另外一回事了。其中的症结点在于你是否说了禁忌的语言，或者把话题置于危险的境地，这将会直接导致沟通的成与败。生活中，许多人在谈判开局寒暄时不经大脑思考，只图自己嘴巴痛快，常常“语出惊人”，踏入“雷区”，最后导致了整个谈判的失败。实际上，善于寒暄并不是一件简单的事情，那将意味着你所说的话是否被对方乐意接受，而且寒暄中的禁忌是不应该触犯的，否则，你的寒暄将会宣告失败。

谈判实景一：

清朝时，一位新上任的县令，初次去拜见上司，想不出该说什么话。沉默了一会，忽然问道：“大人尊姓？”这位上司看上去很吃惊，勉强说了姓某。县令低头想了很久，说：“大人的姓，百家姓中所没有。”上司脸色惊异，说：“我是旗人，贵县不知道吗？”县令又站起来，说：“大人在哪一旗？”上司说：“正红旗。”县令说：“正黄旗最好，大人怎么不在正黄旗呢？”上司勃然大怒，问：“贵县是哪一省的人？”县令说：“广西。”上司说：“广东最好，你为什么不在广东？”县令吃了一惊，这才发现上司满脸怒气，赶快走了出去。不久，这位县令便被免职了。

在这个案例中，正是这位县令屡屡触犯寒暄禁忌，口无遮拦，才会引得上司发脾气，自己也被免职了。其实，从一开始，面对县令所问“大人尊姓”，上司就显得很不高兴了，勉强才说出了自己的姓氏。可那县令不懂察言观色，一个劲地说下去，终于触碰了上司的底线，而自己也被罢免了，这就是触碰寒暄禁忌所带来的严重后果。

谈判实景二：

古代有这么一个国王，一天晚上做了梦，满嘴的牙都掉了。这个时候，他就找了两位解梦的人。这两人来，国王就说：“满口牙怎么全掉了，到底是怎么解释？”第一个破解梦的人就说：“皇上，在你所有的亲属都死去以后，你才能死，一个都不剩。”这皇上一听，心里非常不高兴。第二个解梦人这样说：“至高无上的皇上，您将是您所有亲属当中最长寿的一位呀！”大家看一看，同样的内容，同样的事情，两个人就两种不同的说法。第一个把皇帝说生气了，皇帝龙颜大怒，杖他一百棍；然后，拿出一百个金币，奖给第二位破解梦的人。

上面这个案例中，同样的一件事情，两人表达的同一个意思，为什么一个挨打，一个却受赏呢？分析他们所说的内容，我们就可以明白了。在沟通过程中，往往因为一两个“危险词语”而使整个话题都处于危险的境地，第一个破解梦的人话里出现了“死”这样的危险字眼，而且还不止出现一次；第二个破解梦的人却从另外一个角度巧妙地解释为“长寿”。于是，两人话里的字眼不同，最终两人的待遇也千差万别。

谈判心理策略分析：

在日常交际中，有一些话题是寒暄的“雷区”，稍有不慎就会粉身碎骨，所以，我们在寒暄时应该尽可能地避开这些危险区，避开一些敏感、危险的禁忌词汇，这样才能促使沟通的顺利进行。

1. 避开隐私

隐私就是不可公开或不必公开的某些事情，有可能是缺陷，有可能是秘密。因此，我们在进行语言交流的过程中，需要避开彼此的隐私，这既是一种礼貌，同时，也可以很好地保护话语的“安全性”。

2. 切勿不懂装懂

我们并不是万能博士或者百事通，即使自己知识渊博，但总有一些地方不如人，总有不懂得的一些知识。因此，无论是面对有教养有知识的人，还是面对一个默默无闻的人，我们都应该谦虚谨慎，不可妄言。

3. 避开忌讳

在谈话过程中，我们需要避开一些忌讳，比如关于“死”的避讳语，“棺材”“寿材”等；对方的生理缺陷，比如“残疾人”；对日常中一些不可公开的事物行为，比如“大小便”等，这些避讳词语都是需要避开的。

4. 避开粗口秽语

在交流过程中，我们需要避开粗口秽语，使用文明的语言。言语粗鄙是最无礼的语言，而且，有可能会为自己带来一些不必要的麻烦。

灵巧开场白，探听对方虚实

在日常工作中，与客户谈判成为了我们工作的主要内容。而现代商务谈判均是以互惠互利为目的，以洽谈磋商为手段，这就免不了要与对手进行一番正面的交锋。甚至，我们可以说谈判其实就是一场心理战，谁能掌握了主动权，谁就能赢得最后的胜利。所谓“商场如战场”，面对强有力的对手，我们不仅仅要具备良好的心理素质，更需要通过对手表现出来的细枝末节去揣摩其真实意图，简单地说，你需要知道对手手中拿着的最后一张王牌，否则，你只会败下阵来。

谈判实景：

20世纪80年代，我国企业曾与突尼斯SIAP公司的商务代表、技术代表就在我国兴办化肥厂的有关事项进行谈判。中突双方都非常重视这个建设项目，双方完成了可行性研究报告，经有关人员的反复论证，选择了具有优越港口条件的秦皇岛市作为建厂地点。可行性研究刚刚结束，科威特石油化学公司得此消息，便立即表态，愿参与此项目，与中方合资办厂，并派出了谈判代表。

可是，出乎意料的是，谈判一开始，对方听了我方的介绍后，就断然否定："厂址选在秦皇岛不合适，你们所做的一切工作都是毫无用处的，要从头开始！"这话无异于晴天霹雳，谈判陷入僵局。我方代表愣住了：没想到对手一来就是一个下马威，目的是想逼迫我方答应他们提出的条件。可是，对手不过也是吓吓而已，放弃秦皇岛并不是其真实意图，真正的意图是以最少的代价征用秦皇岛的土地。弄清楚了对手的真实意图，我方代表心生一计。

我方一代表起身发言："我们为了建设这个化肥厂，安置了……看来这事要无限地拖延下去了，那我们也只好把这块地让出去！对不起，我还有别的事情需要料理，我宣布退出谈判，今天下午我等候你们最后的决定！"三十分钟后，情势急转直下，对方表态："快请代表先生回来，我们强烈要求迅速征用秦皇岛的土地！"

谈判最终取得成功的秘诀在于，我方代表识破了对手的真实意图：他不敢真正地舍弃秦皇岛这个占据优势的地理位置。

谈判心理策略分析：

在谈判过程中，我们需要灵活使用心理战术，以此来识破对手的意图，如此才能抢得先机，也才能赢得谈判的最后胜利。

1. 以静制动

在谈判中，以静制动，就是静非不动，敌不动我不动，静观其变。在双方的对峙中，需要以静制动，你若按捺不住，四处乱动，那么，你的胜算就会少之又少；如果你能以静制动，那么，在与对手的周旋过程中，会逐渐转化自己的劣势，变为优势，而且，在这等待的过程中，你能够通过其表现出来的言行而识破对手的真实意图，这样，对手就处于被动地位了。

2. 以退为进

在谈判过程中，若是紧紧相逼，不仅不能识破对方的真实意图，反而会使自己陷入难堪的境地。因此，我们需要懂得退让，另外，让步不能一步到位，而是应该一步一步地退让，而且让步也不能太早，过早的让步往往会导致己方的后悔。但是，若关键时刻不肯让步，也容易导致谈判的破裂。大多数情况下，当对方已经到了让步的最后阶段，我们可以适当地作出让步，让谈判得以顺利进行。

关键的是，在让步之前可以作一些假设性提议，试探对方。比如“如果我们把价格降低5%，您能确定和我们签约吗？”这样不会让你受到约束，也可以帮助你识破对方的真实意图。

俗话说：“知己知彼，百战不殆。”在一番心理较量中，如果我们能有效地识破对手的真实意图，无疑为整个谈判成功赢得了最佳的机会。必要的时候，我们可以利用对方的“底牌”给予适当的压力，这会令对方更容易作出决定，他会在压力之下不得不答应我们的要求。所以，面对对手，我们要有信心去打好一场心理战，在心理较量中，识破对手的真实意图，以此达到自己的谈判目的。

第03章

察言观色，心领神会——观察的策略

很多时候，我们会发现，那些所谓的谈判高手能在看似毫无希望的谈判中扭转乾坤，提高自己的声誉。其实，这些成功的前提条件均是需要识破对手心理，这样，才能够在谈判桌上无往不胜。下面，我们就列举了方方面面的识人术，教你如何在短短半分钟之内成功识破对手心理，从而成为一名高明的谈判专家。

从面部表情读出谈判对手的内心

早在古代，就有占卜看相的说法，大致的方法是凭着一个人的面部特征、相貌来预测其命运的看相术，或者只凭一个人的眉毛形状来下定论。其实，在科技日新月异的今天看来，这样所谓的相学都是不科学的，毕竟，只凭着一个人的眼、眉、耳、鼻的形状以及位置等脸部特征，是很难判断出一个人的心理的。然而，若是运用现代心理学，通过一个人的面部表情来判断对方的心理，如此识人心术才能准确地读出他人的心理。这样一种识人心术可以很好地运用到交际场上，尤其是我们所面对的对手。比如，在商业谈判中，要想紧紧地抓住谈判主动权，我们就需要了解对手是一个怎样的人，他的心理到底在想些什么。这时，他的面部表情会泄露一些秘密，如果我们能恰当地识破那些秘密，那么，就已经胜券在握了。

谈判实景：

这天，王明接到了通知，下午要与一个大公司的客户进行商业谈判。当然，王明并不是谈判代表，而仅仅是陪同而已，真正的谈判代表是公司总经理李兵。

下午，王明忐忑不安地跟着李总走进了会客室，客户已经到了。彼此寒暄了几句，就进入了正题。王明忍不住看了对方一眼，发现他脸上面无表情，冷冰冰的，似乎不带一丝情绪。他心一紧，好像真的碰到对手了，可怎么办呢？他抬头看了看坐在身边的李总，发现一向笑脸的李总居然也板着一张脸，王明可纳闷了：这是怎么了？两个人是仇人吗？随着谈判的进行，两人都面无表情地谈论着一些合作细节，不到一个小时，两人签订了合同。

客户走了之后，李总呼出一口气，整个人显得格外轻松，脸上也露出了笑容。王明不解地问："李总，刚才，你们干嘛都板着脸？这样的谈判怪吓人的。”李总笑着解释：“这位客户面无表情，想必是一个缺乏人情味的人，跟这样的客户交谈，我笑得再多也没用，还不如跟他一样，面无表情，这样一来，他会觉得跟我是同类，自然就没有了招架之力了。”

李总通过客户的面部表情判断对方是一个缺乏人情味的人，而对付这样的人，需要自己保持同样的表情，如此，才能打破其心理防线，最终达到谈判成功的目的。有人说：“表情比嘴巴更会说话。”有时候，我们仅凭着一个表情的动态就能揣测出对方的心理。从心理学上看，表情是动情的一种反映，而动情则是一个人感情、意志等内部的心理活动。因此，只要我们仔细观察对手的面部表情，就可以读懂对方的心，再对症下药，达到自己交际的最终目的。

谈判心理策略分析：

如何才能从那些细微的面部表情读出对手的心呢？

1.表情丰富且喜欢笑的人

有的对手表情丰富，而且经常会露出笑容。这样的人有着良好的人际关系，善于处理人与人之间的关系。而其善意的笑容时常给人以亲近的感觉，他们属于容易亲近的类型，性格大多外向，比较容易沟通。即使在碰到不合的想法，他们也会详加考虑，喜欢为他人着想，与这样的人谈判，不得不说是一次愉快的沟通。

2.面无表情的人

有的对手在谈判的时候，即使面对面也绝不露出一点面部表情，无论是心情好还是不好，他都不会表现出来。他们在人际关系中比较冷漠，个性比较内向。在整个交流过程中，他们呈现出来的是一张没有表情的脸，对于感情正常的人来说，与这样的人交流是一件痛苦的事情。甚至，有时候，即使是在他说谎的时候，他也是面不改色。

面对这样的对手，需要如何应付呢？我们也要掩饰自己的真实表情，以同样的面无表情的一张脸对待他，如此才能使对手无招架之力。

3.表情善变者

有的对手会随着感情的变化而表情多变，时而喜悦、时而遗憾、时而气愤，其内心的感情变化，毫无保留地表现出来，这就是表情善变者。一般而言，表情丰富算是比较积极的心理，但是，对于表情善变着来说，却不是这样。因为，大多数人都会习惯性地隐藏自己的某些情绪，像这样毫无顾忌地表现出来，却是另一种心理状态。这样的人大多自私自利，唯我独尊，只要一点点不符合自己的意愿，他们的表情就会大变。面对这样的对手，如果他的表情开始变化，那么，你不妨先认同其想法，适当附和，等其情绪稳定下来之后再慢慢交流意见。

如何看穿谈判对手的谎言

一般来说，说谎者都很善于掩饰自己，每一个说谎者都希望自己能够成功地欺骗他人，而自己能够享受那种喜悦的心情。其实，只要你细心地观察，就会通过对方的言行举止中发现谎言的秘密。因为，即便是最高明的说谎者，他也会出现“百密而有一疏”的情况。通常情况下，说谎者不外乎就是把自己的谎言掩藏在言行举止中，只要掌握一些如何辨别谎言的技巧，我们就会清楚地判断出对手是否在说谎。在谈判过程中，我们的对手往往是将自己的真实内心包裹起来，而呈现在我们面前的是一张虚假的面具，甚至，即使他嘴里说着谎言的时候，如果我们不仔细观察，也很难察觉。

那么，说谎者经常用到的掩饰方式有哪些呢？下面我们就简单地介绍几种说谎者常用的方式，以此来看穿对手的谎言。

谈判心理策略分析：

1.撒谎的人喜欢触摸自己

心理学家发现，那些说谎者在撒谎时会下意识地抚摸自己身体的某些部位，其实，说谎者在撒谎时越是想掩饰自己的内心，却越是因为这些细微的动作而暴露无遗。当我们对那些说谎者进行仔细观察之后，我们会发现，他们在撒谎时会借助一些身体语言，比如，触摸自己或身上的衣物，掩口、摸鼻子，或者不断地拉扯自己的衣角，等等。

掩口：说谎者为什么会想要捂住自己的嘴巴呢？其实，这是由于说谎者的大脑潜意识里使他不想说那些骗人的话而导致的下意识动作，如此细微的举动可谓是“欲盖弥彰”。另外，当我们在谈论某些事情的时候，对手却捂住了嘴巴，这表示着他对你所说的并不感兴趣，只是不愿意当面表现出来而已。

摸鼻子：有的说谎者在撒谎时会摸自己的鼻子，有可能他们本来是想捂住自己的嘴巴，但觉得这样的举止不太合适，通常就会在鼻子上摸几下，以此来掩饰自己的捂嘴的动作，其目的就是为了掩饰自己在撒谎。不过，并不是所有摸鼻子的人都在撒谎，一般而言，说谎者触摸鼻子的时间很短，而且，力度很轻。

拉扯自己的衣角：通常情况下，人们说谎会引起心理上的不平衡，如此，就会导致交感神经功能的微妙变化。在那一瞬间，他们会下意识地拉扯一下自己的衣领或者衣角。这时候，如果你细心地观察，就会发现对方的情绪处于十分紧张的状态，随时都有可能会爆发出来。

2. 虚假的笑容

心理学家杰弗里·考恩说：“我们可以说出每块肌肉动了多少次，它们停留多长时间才变化的，对方的表现是真实还是伪装的。”真正的微笑，来得快，但消失得慢，因为微笑时牵动了鼻子到嘴角的皱纹，以及眼睛周围的笑纹。而说谎者一般都带着虚伪的面具，因而，他们脸上所流露出来的笑容往往也是虚假的。在说谎的时候，那虚假的笑容就成为了最好的伪装面具。有可能我们的对手在撒谎，那么，我们可以通过对手的笑容来判断其心里的真实想法，因为说谎者脸上所挂的始终是虚假的笑容，他们的笑容没有办法牵动眼部的肌肉。

3. 表情的闪现

一般情况下，每个人维持一个正常的表情会有几秒钟的时间，它所呈现在脸上的时间既不会太长也不会太短。而对于一个说谎者来说，在他们伪装的脸上，真实的感情会只会在脸上停留极短的时间。而且，大部分的说谎者会把自己伪装的面部表情维持或短或长的时间，一般而言，任何一种表情如果持续的时间超过了10秒钟或5秒钟，大部分都可能是假的。有的人会极力掩饰自己的愤怒的表情，他们尽量使自己的表情呈现出一种相对稳定的状态，比如面无表情；而有的人则恰好相反，他们会使自己伪装出来的表情长时间出现，比如在整个谈判过程中都挂着虚假的笑容。

4.脸色发红

面部是人们最为直接的身体部位，也是最容易暴露的部分，它是人们传递情感信息的最重要的部分。有的人在说谎时脸色会发红，如果有人将他的谎言识破了，他会显得更加紧张，甚至，会导致面部充血，使脸上皮肤呈红色。

当然，那些善于伪装的说谎者除了上面介绍的几种方式外，还有其他一些表现，比如平时沉默寡言，突然变得口若悬河；在谈话过程中露出惊恐的表情却强作镇定；说话时闪烁其词，口误比较多；对你所怀疑的问题，过多的一味辩解，装出很诚实的样子；精神恍惚，不敢与你目光接触。在谈判过程中，只要你能够细心地观察对手的言行举止，那就很容易判断出对手是否在说谎。

识别不同气质特征的谈判对手

何谓气质？从心理学上说，气质就是表现在心理活动的强度、速度、灵活性与指向性等方面的一种稳定的心理特征。其主要表现在情绪体验的快慢、强弱、因此，通过气质，我们能够了解一个人的心理活动。当然，气质与我们常说的“脾气”“性格”“性情”是差不多的。不过，在日常交际中，气质更多地表现为人格魅力，比如修养、品德、行为举止、待人接物，等等。不同的人，有不同的气质表现，有的人高雅恬静，有的人温文尔雅，有的人豪放大气，有的人不拘小节。在日常工作中，我们会接触到不同的客户，而那些不同的客户身上却展现出不同的气质特征，如果我们能识别其气质特征，再逐一对应，那对于我们与之建立融洽的谈判关系很有帮助。对此，心理学家结合了大部分人的气质特征，并将其分为四种：多血质、黏液质、胆汁质、抑郁质。在这四种气质特征中，都有其鲜明的特征显现，比如敏感孤僻的抑郁质，情绪粗狂的胆汁质，等等。在我们与对手接触的过程中，通过观察其言行举止，就可以判定对手是属于何种气质特征。

谈判实景：

双方的谈判代表进入了会客室，王总吩咐服务员将沏好的茶端上来。不一会儿，服务员将热腾腾的茶送进来了，不料，正要放在桌上的时候，却一不留神，脚下一滑，身子一斜，热茶洒了出来，有几滴滚烫的茶水沾到了坐在桌前的谈判代表张总身上。王总身边的小柯想上前整理，王总却示意他坐着别动，王总想看看那位张总到底有什么反应。

出人意料之外，张总只是用桌上的纸巾擦了擦衣服，面对服务员的连连道歉，他面带笑容，好像什么事情都没发生过，反而关切地问道：“小姐，你没事吧，下次可要小心了！”服务员点点头，这时，王总才站起来身来：“张总，没什么事吧？”张总回答说：“只是小事，小事，我们赶紧进入正题吧。”王总心中一动，看张总这样的表现，应该是情绪丰富的多血质，这样的人善于交际，容易适应环境的变化，做事很灵活，不过，内心比较骄傲。有了这样的认识，王总笑了，他知道下面该如何去应付这位谈判“对手”了。

对服务员无意中的错误，张总始终面带微笑，表现得异常平静，而如此的表现正与情绪丰富的多血质相对应。没想，谈判过程中发生的一件小事，却成为了王总识破对手气质特征的突破口。

一般而言，胆汁质的人情绪比较粗狂，多血质的人情绪丰富，黏液质的人情绪贫乏，抑郁质的人多愁善感。那么，如果这样的四种人在遇到相同的事情，又是如何表现呢？对此，苏联心理学家进行了研究，以“看戏迟到”为特定情境，发现这四种人都有不同的行为表现：“胆汁质的人很生气，与检票员争吵了起来，甚至，想推开检票员，冲过检票口，直接跑到自己的座位上，他们一边吵架一边埋怨戏院的钟走得太快；多血质的人看到检票员不让进去，就悄悄地跑到楼上，自己寻找了一个位置来看戏剧表演；黏液质的人心想，反正第一场不怎么好看，还是先到外面待一会儿，等休息的时候再进去；抑郁质的人对此闷闷不乐，没想头一次来看戏，就这样倒霉，垂头丧气的他干脆回家了。”

谈判心理策略分析：

其实，在这四种气质特征的人身上都是有迹可循，有特征供识别的。下面，我们就简单地介绍这四种常见的气质特征，希望你借鉴一二，以此识别不同气质特征的对手。

1.多血质

这类人情感与行为来得比较快，去得也比较快，个性温和，感性大于理性，善于交际，很容易适应新的环境。其语言表达很有感染力，姿态多样，面部表情丰富，个性比较外向。聪明机智，思维灵活，不过，对于某些事情，他们不愿意问个清楚、明白。而且，其注意力与兴趣很容易转移，不稳定，做事缺乏毅力。

2.胆汁质

这类人有着较强的反应能力，且反应速度很快。他们在情感与行为上若是有强烈的体验，则会表现得异常明显。性格开朗、乐观，待人热情，为人直率，不过，脾气比较暴躁，喜争强好胜，容易意气用事，在冲动之下往往作出一些错误的决定。他们有着较强的精力，往往以最大的热情与精力投入到工作中，不过，在工作中偶尔会缺乏耐心。思维多灵活，不过，理解问题多是粗粗略过，不够细。

3.抑郁质

这类人情感与行为反应缓慢，感性大于理性。多愁善感，感情喜欢内制而不外露。喜欢想象，机智聪明，有着敏锐的观察力，能够察觉到别人未能发现的东西。意志力薄弱，胆小怕事，做事优柔寡断，在失败后往往心神难安。对人际交往比较冷漠，个性孤僻。

4.黏液质

这类人情感与行为反应迟钝，缺乏应有的灵活性。情绪稳定，没有太大的波动，即使心中有情绪，他们也不轻易外露，即使遇到了难过的事情也不动声色，一个人默默承受。其注意力与兴趣比较稳定，难以转移。喜欢思考，有较强的自制力，能够控制自己。平时沉默寡言，办事谨慎细微，不冲动，不鲁莽。不过，适应能力较差，常常活在自己狭小的空间里。

指手画脚的对手，通常争强好胜

在日常工作中，我们经常看见有的对手在说话的时候，喜欢指手画脚，而且，他所做出的动作幅度很大。其实，他们之所以喜欢指手画脚，是因为内心强烈的好胜心的无意显露。他们总认为对方会听不懂他的语言表达，如此，他希望依靠自己的手势来补充一些内容。不过，如此的说话却给人造成一种不够理性、情绪容易激动的感觉。而且，在谈判这样的场合，还会给人一种很不礼貌的感觉。不过，若是对手在说话时总是指手画脚，那么，我们要明白在其夸张的手势背后，有着较强的好胜心。对这样的对手，我们需要做好充分的准备，以其好胜心为诱饵，巧妙应付，使其降服于自己。一般来说，这一类指手画脚的动作幅度大的人感情比较丰富。这种人总是急于表达自己的情感、宣泄自己的情绪，而往往忽略了他人的感受，是属于个性较为强势的人。

谈判实景：

这天，销售部王娜接待了一位客户，由于经理出门办事去了，王娜只好带着他来到了会客室，先与其谈谈合同的事宜，随便了解对手到底是一个怎么样的人。

两人坐下之后，王娜给客户倒了一杯热茶，询问道：“李先生，贵公司主要是经营什么产品呢？”李先生有些兴奋：“我们公司是以生产、销售为一体的，主要产品是纺织品……”说到高兴处，李先生的手也在挥，脚也在动，口沫唾液到处飞。王娜看得有点呆了，嘴里不住地称赞：“那你们公司发展挺大的。”这时，电话铃响了，两人面面相觑，王娜摸了摸自己的手机，摇摇头，李先生明白过来了，他从口袋里掏出手机，带着歉意说道：“不好意思，我先接个电话。”王娜点点头回答说：“您请便。”说完，觉得自己不便再待在这里，就先离开了房间。隔着玻璃门，王娜看见李先生一边拿着手机，一边挥舞着手，讲得不亦乐乎。王娜叹道：“这人，个性和好胜心都很强啊。”

客户李先生在讲话时的行为表现，使王娜意识到对方是一位好胜心较强的对手。如此的判断，为之后的谈判奠定了良好的基础。其实，那些在说话时喜欢指手画脚的人，基本上属于比较自私的个性，因为他们只会考虑到自己，而忽视了其他人的感受。

谈判心理策略分析：

那么，在他们身上，有着什么样的特点呢？下面我们就来逐一分解。

1.强势

这样的人与那些身体僵硬、言行拘谨的人恰恰相反，在他们身上有着一股强势的气焰。他们的言行举止与情感、情绪表达有着密切的关系。当他们的情绪处于高昂的时候，身体的动作便会多了起来；如果他们心中有不吐不快的话语，不自觉地，他们手脚的动作也会夸张起来。当然，这样的人拥有较强的自主性，如果你是一位缺乏主见的人，那在谈判过程中，很有可能会被他强势的气焰压制住。

2.好胜心较强

如果你仔细观察，会发现有的对手连打电话都会夸张地指手画脚，明明看不到对方，却好像人就在眼前似的，一个人拿着电话，一边指手画脚地讲得不亦乐乎。这一类型的人，如果对一件事物热衷起来，他就会不把其他的事放在眼里。除此之外，他们也是好胜心非常强的人，如果身边有强势对手出现的话，他们一定会使出浑身解数，绝不愿输给对方。

3．有着较强的领导力

这样的人在工作上相当有能力，工作积极，对自己想说的话、想做的事情，都能够通过流畅的语言表达能力，轻易地传达给别人。而且，他们本身就有较强的说服能力，比如喜欢指手画脚，并且动作比较夸大，极富感染力，好像在演戏似的。但正因为如此，其身边的人很容易受到兴奋情绪的影响。于是，在工作职场或团体中，他们就可以依靠自己的那种感染力和影响力带动他人和自己一起往前冲，是创造活跃气氛、使大家团结为一体的高明领导者。

另外，这一类型的人，他们在自己的工作中能独当一面，也会在工作之余的其他方面表现出游刃有余的深厚功底。对于在任何场合说任何话，在任何场合做任何事情，他们都会拿捏得十分恰当。但是，这类人也有软肋，那就是在挫折和困难面前，会变得十分脆弱，甚至会在重大的打击之下一蹶不振。

视线里隐藏着对手的真实心理

在谈判中，双方是面对面地谈话，那么，不可避免地，彼此都会有视线的交流与接触。相信，在谈判中，应该没有那种面对面谈话，却完全不看对方眼睛的人。当然，若是一直看着对方的眼睛说话，这也是不太正常的。一般而言，在西方，人们会一直盯着对方的眼睛说话。但对于一向传统内敛的中国人来说，大多数人会在交谈的时候，时而四目相对，时而转移视线。在交谈过程中，双方都会去注意配合对方的气息，许多人都是下意识的动作，而且，在其中，两个人的视线会相碰，偶尔也会躲闪。比如，当对手所说的话令自己很想要表达自己观点与意见的时候，在那一瞬间，便会直视对手的眼睛。对于他人所说的话，不管自己是同意还是反对的时候，如果觉得很有必要将信息传达给对方，那么，一般都是通过视线来传达。如此看来，在谈判过程中，对手的视线其实隐藏其道不出的微妙心理。

谈判实景：

谈判桌上，双方谈判已经进入最后阶段，但问题却始终围绕着交货的时间点在讨论。李先生直视着对手的眼睛，说道："由于我们公司目前的状况，必须在第四季度全部交货，这样才能保证我们公司的正常营运。"对手的视线马上移开了，似乎正在思考该怎么来回应这个问题，不一会儿，他抬头看了李先生一眼，马上又移开了视线，说道："李先生，我知道你们公司的状况，可是，在第四季度交货，确实有些困难。"说完，视线由下而上，与李先生视线交汇，继续说："我希望李先生能够再宽限一些日子，这样的话，我们会加班加点，如期交货。"

李先生感觉到对手想拖延交货的日期，但又不想失去这笔业务。了解了对手如此微妙的心理之后，李先生直视谈判对手，做了最后的警告："从情况来看，你们在第四季度中交货确实存在一些困难，但如果你们不能交货，我们工厂的部分车间就会停工待料，造成生产上的损失。这样，我们不得不放弃与你们交易的打算。"对手低下了头，一会儿，迎头接上了李先生视线，咬牙说："好，第四季度，我们会如期交货。"

在几番的视线躲闪与接触中，李先生看透了对手的微妙心理：很想拖延交货的日期，同时，又不想失去这一笔交易。而后者才是谈判的重点，于是，李先生毫不妥协，坚持第四季度交货。果然，两次催促下来，对手不得不答应了李先生提出的要求。

谈判心理策略分析：

在谈判中，我们经常会见到对手直视的视线、完全避开的视线，等等，下面我们就列举几种常见的眼神动态，以此来剖析对手的微妙心理。

1.完全避开的视线

有的对手在说话时会将自己的视线完全避开，眼睛不敢直视对方。这样的人，大多心中有鬼，有可能在他过去的谈判经历中出现了一些事情，使得他不敢面对比自己更正派的人。但是，偶尔，他也会主动迎上对方的视线，这表明其内心正在做挣扎，心中隐藏着一些东西，但是，又很想证明自己问心无愧。

2．直盯着对方的眼睛

有的对手在说话时直盯着对方的眼睛，不躲，也不避。这样的人有着较强的自信心，可以说他是有些任意妄为。他希望自己的表现能给人留下很自信的印象，实际上，他们对自己并不那么自信。当然，如果两个人总是直视对方，那么，谈话的气氛很容易陷入难堪境地。因此，他们大多会在视线接触后不久就转移自己的视线。

3．逼人的视线

有的对手在看着对方眼睛时并不是温和的，而是紧迫逼人的。这样的人内心有些自卑，总感觉自己比别人差了那么一点点。但是，他们自己却没有意识到这样的心理，他们总是强烈地认为自己是正确的，在表达自己观点的时候，他们会紧迫逼人地看着对方的眼睛，好像在说“我说的是正确的吧！”而如此的视线令身边的人闭上自己的嘴巴，同时，还会感受到那威逼的力量。

辨声之法，听懂对方的弦外之音

如何听出谈判对手的“弦外之音”？对此，曾国藩说：“辨声之法，必辨喜怒哀乐。”一个人的七情六欲，喜怒哀乐都可以从声音中听出来。所谓“话由心生”，心境不同，发出的“声”也会有很大的不同。在谈判过程中，我们时常会遭遇这样尴尬的场面：对方明明是一张笑脸，却转眼变成了黑脸。究其缘由，就在于我们没能适时听出对方的“弦外之音”。有时候，谈判场合语言的交流相当于一场没有硝烟的战争，彼此都是心照不宣，但为了保持一种良好的风度，却又不敢直接表露出来。于是，那些看似平静的言辞之中，往往隐藏着刺儿。如果你稍有不慎，就会被对方的弦外之音所伤害，使自己处于一个被动的境地。所以，与人谈判，我们要留意对方的声音，学会听懂对方的“弦外之音”。

当吕不韦命令人编撰好了《吕氏春秋》，他召集了包括李斯在内的很多人举行了一次盛大的聚会。吕不韦面带笑容，慷慨言道：“东方六国，兵强不如我秦，法治不如我秦，民富不如我秦，而素以文化轻视我秦，讥笑我秦为弃礼义而上首功之国。本相自执政以来，无日不深引为恨。今《吕氏春秋》编成，驰传诸侯，广布天下，看东方六国还有何话说。”字字掷地有声，百官齐声喝彩。

之后，吕不韦召士人出来答谢，吕不韦也坦然承认，这些士人是《吕氏春秋》的真正作者。李斯发现那些士人精神饱满，神态倨傲，不以满殿的高官贵爵为意。在他们身上，似乎有着直挺的脊梁，血性的张狂。当时的《吕氏春秋》中记载：“当理不避其难，临患忘利，遗生行义，视死如归。”“国君不得而友，天子不得而臣。大者定天下，其次定一国。”“义不臣乎天子，不友乎诸侯，得意则不惭为人君，不得意则不肯为人臣。”

李斯看着那些强悍的将士，聪明的他猜出了吕不韦的弦外之音：“哪怕有一天我吕不韦失去了天下，但是只要有这些英勇的将士，谁也别想轻视我。如果你想和我作对，还是需要好好考虑再作打算吧。”于是，李斯当即陷入了沉默，不再言语。在这里，吕不韦虽然是笑容满面，而声音也很正常，但从那平稳的语调中，却透露出一种胁迫的力量。

谈判心理策略分析：

《南史·范晔传》：“吾于音乐，听功不及自挥，但所精非雅声为可恨，然至于一绝处，亦复何异邪。其中体趣，言之不可尽。弦外之意，虚响之音，不知所从而来。”通常情况下，那些隐藏在话语里的“弦外之音”是不会轻易地被发现的，它只是在话里间接地透露出来，而不是清晰地表达出来，它有可能隐藏在语调里，有可能藏在音色里。这就需要我们在与对方进行语言交流时，仔细揣摩出话语里的弦外之音，才能清楚对方想表达的真实意图是什么。

1．“温柔”的反击

当女记者对丘吉尔说：“如果我是您的妻子，我会在您的咖啡里下毒药的。”丘吉尔温柔地看着她说：“如果我是你的丈夫，我就会毫不犹豫地把它喝下去！”在这里，丘吉尔的声音里一点也没表现出生气的情绪，反而是温柔地告诉对方自己心中所想。

有时候，在与他人的语言交流中，如果我们在言语上触碰了对方的伤痛，这时，对方还是以平静而温柔的声音回答我们，我们就应该留意了，对方话里是否藏有“利剑”。当然，并不是指所有温柔、平静的声音里都藏有弦外之音，话中是否还有别的意思，这需要我们根据语言交流的进程来猜测。

2．犀利的语调

有的人本身不善于隐藏自己的情绪，一旦被话语击中，他会毫不犹豫地进行反击。这时，对方心中愤怒的情绪已经反映在其犀利的语调中了。如果是面对言辞犀利的对手，我们不妨采用一些方法进行回击。

当然，这也需要掌握一些语言上的技巧，或者是话里有话地答复对方，或者是自嘲的方式来使自己摆脱困境。你在措辞的时候，一定要注意即便是回击也要不着痕迹，不要伤害到对方，在对方面前，你应该保持一个对手应该有的胸怀和气度。

辨识语气，领悟谈判对手话语中的暗示

人的声音包含各种要素，而声调是很重要的要素之一，说话的声调即是声和气的综合。通常情况下，那些说话声气比较洪亮的人，具有某种权威性，达到控制场面的目的；反之，那些声气比较弱小的人，由于其声气太轻太小，以至于人们需要更加集中注意力才能听清楚。那么，影响声气的因素有哪些呢？如果我们在说话时采用鼻子产生共鸣，那么，如泣如诉

的声音会给人一种傲慢的感觉；反之，若是采用胸腔来产生共鸣，则使声气变得强而有力。此外，说话速度也会影响到一个人的声气，一般而言，说话速度太快的人，个性比较暴躁，语序混乱，给人的印象比较粗鲁；说话速度太慢的人，个性沉稳，做事深思熟虑。总的说来，一个人的声气会暗示他的心理状态，在日常谈判过程中，我们都可以从声气中识人，从对方的声气中辨别出对方此时此刻的情绪及性格特征。

孔子去齐国途中，听到一阵十分悲哀的哭声，于是对弟子说："这个哭声虽然很悲伤，但不是悼念死人的哀声。"随后，孔子下了车，问起他的名字，他说他叫丘吾子。孔子又问："这里不是悲哀的地方，你为什么哭得这么悲伤呢？"丘吾子长叹一声，回答说："我一生有三大过错，现在年老了才深深觉悟到，但追悔莫及，因此痛苦。"

孔子不明就里，便一再追问，丘吾子才说："我年少时爱好学习，周游天下，等回来时我的父母都死了，作为儿子竟不能为父母养老送终，这是第一过失；我做齐国臣子多年，齐君现在奢侈骄横，我多次劝谏都不被采纳，这是第二过失；我生平交友无数，不料到后来都绝交了，这是我第三大过失。树欲静而风不止，子欲养而亲不待。去而不回的，是时间；不能见到的，是父母。我是个大失败者，还有什么脸面活在这个世上？"说完，丘吾子便投水而死。

一个人到了因悲伤而自杀的地步，我们可以想象他所处的情境是如何的悲惨。而孔子正是从其"唉声叹气"的声气中识别出丘吾子的哭声不是为了悼念死者，而是另有其他原因，这里不难发现孔子的识人之能。

谈判心理策略分析：

那么，在实际谈判中，我们就不同的声气，以此来辨别其言语里的暗示语。

1.轻声细气说话的人

在与人交谈时，这种声气可以有效缩短人与人之间的感情距离，加深彼此之间的关系。这主要是因为，轻声细气说话的人常常会给人一种谦恭、谨慎与文雅的印象，这无疑容易引起对方的好感。而且有时候，它还能避免一些因为语言不当而引起的麻烦。当然，如果用它来公开坚持意见、反驳别人或者维护正义和尊严，则是不恰当的。

2.和声细气说话的人

“和声细气”这种声和气，就像是小河里的涓涓细流，轻松自然，和蔼亲切，不紧不慢，能给对方一种舒适、友好、温馨的感觉。人们以“和声细气”的声气说话，常常是请求、询问、安慰、陈述意见的时候。

另外，和声细气地说话，可以展现出男性的文雅和女性的阴柔之美。如果是“和声细气”说话的男人，他必定是厚道、宽容的；而如果是“和声细气”说话的女人，她肯定是温柔、善良、善解人意的。

3.高声大气说话的人

人们用“高声大气”的声气来强调某件事情，或者是表达自己内心的激动情绪。“高声大气”通常用来表示极度的兴奋或者激情澎湃的情绪，同时也能表现出说话者的性格，一般来说，这样说话的人大多富于激情，十分粗犷豪放。

比如《三国演义》中的张飞，他说话就是高声大气的类型，尤其是在长板桥之战，曹操带领大军追赶赵云。张飞骑着马站立桥头，怒目圆睁，厉声大喝：“我乃燕人张翼德也，谁敢与我决一死战！”声音如雷，吓退了曹军。

心理学家认为经常唉声叹气的人心理承受能力比较弱，他们对自己缺乏自信心，对自己想做的事情缺乏勇气。一旦遭遇了挫折，内心便会充满了沮丧的情绪，整个人变得颓废不堪，如果这时没有人开导他，他会变得一蹶不振。

第04章

闭上嘴巴，竖起耳朵——倾听的策略

谈判并不是言语的较量，也并非逞口舌之快，所以那些聪明的谈判者并非滔滔不绝之人，他们更擅长倾听。假如在整个谈判过程中，只顾自己说话，而不懂倾听，那就无法详尽地了解对方，而且还容易暴露自己的更多信息，所以，谈判要倾听先行。

认真倾听，诱导对方多说

在日常谈判中，记住永远留给对方过多的说话时间，没人喜欢滔滔不绝的“话匣子”。社会心理研究发现，27%的沟通不成功都源于一方话多、另一方无语的尴尬局面。在生活中，那些通过交流成为朋友的，都在于他们第一次见面并不熟悉，一切从零开始，随后才开始熟络了起来。现代社会，尤其是许多年轻人，为了让别人接受自己的观点和意见，总喜欢侃侃而谈，甚至有的人还会口若悬河，却不知这样无休止的谈话只会让别人心生厌恶。而在商务谈判中，我们需要做的是让对方多说，给对方说话的机会，让自己成为听众，这样我们才能从其谈话中获知更多的信息。

谈判实景一：

一家小公司与一家大公司进行了一次贸易谈判，大公司的代表依仗自己的实力，滔滔不绝地向对方介绍情况，而小公司的代表则一言不发，埋头记录。大公司的代表讲完后，征求对方代表的意见。小公司的代表好像突然睡醒了一样，迷迷糊糊地回答说：“哦，讲完了？我们完全不明白，请允许我们回去研究一下。”于是，第一轮会谈结束。

几星期后，谈判重新开始，小公司的代表声称自己的技术人员没有搞懂对方的讲解。结果大公司代表没有办法，只好再次给他们介绍了一遍。谁知，讲完后小公司代表的态度仍然不明朗，仍要求道：“我们还是没有完全明白，请允许我们回去再研究一下。”就这样，结束了第二次的会谈。

过了几天后，第三次会谈小公司的代表还是一言不发，在谈判桌上故伎重演。唯一不同的是，这次他们告诉公司，一旦有讨论结果立即通知对方。过了一段时间，大公司觉得这次合作已经没戏的时候，小公司的代表找上门来开始谈判，并且拿出了最后的方案，以迅雷不及掩耳之势逼迫大公司，使对手措手不及。最后，达成了这一项明显有利于小公司的协议。

一家小小的公司居然能够打败大公司，在谈判中获得了成功，关键在于小公司懂得让对方多说。在说话时机尚未成熟的时候，他们一直不说话，使对方摸不着头脑，盲目骄傲自大，同时也为自己赢得了时间去研究对手的方案，给了大公司措手不及的一击。有时候，一言不发比说话多更有效，它能起到滔滔不绝完全达不到的效果。

谈判实景二：

有一个经营印刷业的老板，在经营了多年之后萌发了退休的念头。他原来从美国购进了一批印刷机器，经过几年使用后，扣除磨损费应该还有250万美元的价值。他在心中打定主意，在出售这批机器的时候，一定不能以低于这250万美元的价格出让。有一个买主在谈判的时候，针对这台机器的各种问题滔滔不绝地讲了很多缺点和不足，这让印刷业的老板十分恼火。但是他在自己刚要发作的时候，突然想起自己250万美元的低价，于是又冷静了下来，一言不发，看着那个人继续滔滔不绝。结果到了最后，那人再没有说话的力气，突然蹦出一句："嘿，老兄，我看你这个机器我最多能够给你350万美元，再多的话我们可真是不要了。"于是，这个老板很幸运地比计划多卖了整整100万美元。

正所谓"静者心多妙，超然思不群"。一些习惯于滔滔不绝的人往往是最沉不住气的人，一旦遇到了冷静的对手，他就最容易失败，因为急躁的心情让他们没有时间考虑自己的处境与位置，也不会静下心来思考有效的对策。而在上面这个案例中，那位啰嗦不停的买主正好中了老板无意设下的"陷阱"，不等对方发言，就迫不及待地提出建议价格，等于自己拿空子让别人钻。

谈判心理策略分析：

1. 对方说得越多，所暴露的信息就越多

著名作家大仲马说过："不管一个人说得多好，你要记住，当他说得太多的时候，终究会说出蠢话来。"我们每个人都应牢牢记住这句至理名言，要善于制造机会让对方多说，我们只需要从其言语中挖掘一些有价值的信息就行了。

2. 善于从对方的言语中挖掘有价值的信息

当对方在说的时候，我们要善于倾听，并从其所透露的言语中挖掘出有价值的信息。通常情况下，当一个人侃侃而谈的时候，其言语背后是隐藏着许多秘密的，也就是说其言语中隐藏着一些有价值的信息。

倾听是最高的恭维

在西方有一句广为流传的谚语：倾听是最高的恭维。在日常交际中，对于真正卓越的谈判家而言，倾听和说话是同等重要的，彼此是相互关联的。当他在认真倾听的时候，他总会站在对方的角度来理解问题；当他说话时，他也会邀请对方站在自己的角度来看问题。这样一来，交际中因沟通不畅的矛盾就会少很多。生活中，我们经常会遇到这样的事情：当一个遭遇烦恼的朋友找自己倾诉，我们只需要认真听他讲话，当他讲完了，心情就会平静很多，甚至不需要我们做任何事情来帮助其恢复平静。

谈判实景一：

在一次推销中，乔·吉拉德与客户洽谈顺利，眼看就要签约成交的时候，对方却突然变了卦——快进笼子的鸟儿飞走了。

当天晚上，按照顾客留下的地址，乔·吉拉德找上门去求救。客户见他满脸真诚，就实话实说："你的失败是由于你没有自始至终听我讲的话，就在我准备签约前，我提到我的独生子即将上大学，而且还提到他的运动成绩和他将来的抱负。我是以他为荣的，但是你当时却没有任何反应，而且还转过头去用手机和别人讲电话，我一恼就改变主意了！"

这一番话提醒了乔·吉拉德，使他领悟到"倾听"的重要性，让他认识到假如不能自始至终倾听对方讲话的内容，认同顾客的心理感受，难免会失去自己的顾客。以后再面对顾客时，他就十分注意倾听他们的话，不管是否和他的交易有关，都给以充分的尊重，并收到了意想不到的效果，他终于成为了一名推销大师。

在谈判过程中，占据主动位置的一定是会说的人吗？不一定是，有时候，能够把控沟通的主方向的人往往是一些善于倾听的人。卡耐基说："对和你谈话的那个人来说，他的需要和他自己的事业永远比你的事重要得多。在他的生活中，他要是牙痛，要比发生天灾数百万人伤亡的事情还更重大；他对自己头上小疮的在意，要比对一起大地震的关注还要多。"因此，假如我们必须要学会善于利用我们的耳朵，做一个善于倾听的人，并牢牢地抓住沟通的主控权。

谈判实景二：

还有一次，乔·吉拉德拜访了一个有趣的客户，一开始，客户就喋喋不休地谈论自己的儿子，他十分自豪地说："我的儿子要当医生了。"乔·吉拉德惊叹道："是吗？那太棒了！"客户继续说："我的孩子很聪明吧，在他还是婴儿的时候，我就发现他相当聪明。"乔·吉拉德点点头，回应道："我想，他的成绩非常不错。"客户回答说："当然，他是他们班上最棒的。他在密歇根大学学医，这孩子，我最喜欢他了……"话匣子一打开，客户就聊起了儿子在小时候、中学、大学的趣事。

第二天，当乔·吉拉德再次打电话给那位客户时，却被告知他已经决定在自己手中买车，而客户的原因很简单，他说："当我提起我的儿子吉米有多骄傲的时候，他是多么认真地听。"

或许，有人错误地理解多说话才能把握谈判的主动权，其实，多说话会给我们带来很多负面的影响，多说有可能会使他人对你产生戒心，认为你有某种企图；说得太多了，他人会对你敬而远之，因为他没有义务当你的倾诉桶；况且，说话这件事，说得多了，难免会出错；有时候，说得太多，暴露的信息太多，就会被别人看穿。所以，做一个懂得倾听的人，并将这样的美德沿袭在自己身上，你会赢得比别人更多的机会，获取更多的信息，把握沟通的主动权，能够更加有效地打动人心。

谈判心理策略分析：

1.倾听会让你受益

布里德奇说："学会了如何倾听，你甚至能从谈吐笨拙的人那里得到收益。"倾听并不是没有任何意义的随声附和，一个优秀的倾听者可以从说话者那里获取大量的信息，赢得对方的喜欢，达到打动人心的目的。

2.掌握倾听的技巧

不过，倾听也是有技巧的，除了听之外，需要适时地重复对方话语中的关键字眼。当然，倾听比说话更需要毅力和耐心，假如你只是埋头玩自己的手机，或者把头瞥向一边，这样无疑会打击说话者的积极性。

3.倾听是沟通的前提

只有听懂了别人表达的意思的人才能沟通得更好，倾听是说话的前提，先听懂别人的意思，再表达出自己的想法和观点，才能更有效地沟通。同时，听懂了别人的意思，我们才有机会掌握沟通的主动权，如此，也更容易打动人心，达到办事成功的目的。

倾听中识破对方的真实心理

在日常谈判中，人与人之间少不了沟通，而沟通中的话题则是必不可少的。通过大量事实表明，一个人喜欢什么就会谈论什么样的话题，而那必然是他在意的东西，反过来，一个人所谈论的话题中定有其感兴趣的东西。每个人都有自己的在意点，有的人喜欢旅行，有的人喜欢漂亮的衣服，有的人喜欢绘画，而无一例外的，他们这样的兴趣点都将隐藏在话题里，等待你去发掘。如果你能从细微处发现对方比较在意的东西，以对方所感兴趣的话题入手，那么，你已经成功地识破对方的真实心理了。

在镇压太平军的行营里，一次，曾国藩用完饭后与几位幕僚闲谈，评论当今英雄。他说："彭玉麟、李鸿章都是大才，为我所不及。我可自许者，只是生平不好谀耳。”一个幕僚说：“各有所长：彭公威猛，人不敢欺；李公精敏，人刁能欺。”说到这里，他说不下去了。曾国藩问：“你们以为我怎么样?”众人皆低头沉思。忽然走出一个管抄写的后生来，插话道：“曾帅仁德，人不忍欺。”众人听后皆拍掌称是。曾国藩十分得意地说：“不敢当，不敢当。”后生告退后，曾国藩问道：“此是何人?”幕僚告诉他：“此人是扬州人，办过学，办事还谨慎。”曾国藩听后说：“此人有大才，不可埋没。”不久，曾国藩升任两江总督，就派这位后生去扬州任盐运使。

那位后生不过是一句话，就得到了曾国藩的赏识，同时，改变了自己的命运，这真可以说是“一言定升迁”。为什么会这样呢？其实，如果我们仔细观察，就会从话题中察出端倪。在一次闲聊中，曾国藩别的不聊，却聊到了“当今英雄”，所选择的话题目的不言而喻，曾国藩本人统率几十万湘军，在当世也可堪称“英雄”，这样想来，他此举就是想有人夸赞自己一番。虽说，曾国藩是中兴名臣，但不过也是常人，他也想听赞美的话，这是其兴趣之一。后生识破了曾国藩的心理，说“曾帅仁德，人不忍欺”，一语说到了曾国藩的兴趣点，同时，后生也赢得了曾国藩的信任与好感。

在生活中，我们都有这样的经历，对于自己感兴趣的、比较擅长的话题，总是愿意去谈论。而这正是每一个人的心理状况，相比较一些生疏而无趣的话题，人们总喜欢谈论自己感兴趣的。那么，在正式沟通中，如果对方总是谈到一件事，那么，证明这件事本身对他很重要，或者，他的兴趣爱好就是此件事。

谈判心理策略分析：

在谈判过程中，彼此所谈论的主题可以透露对方的兴趣点。毕竟，一个人喜欢什么，他就愿意谈论什么，对自己不是很感兴趣的，他是不会侃侃而谈的。如果对方谈论小说，那么，他所喜欢的肯定不是历史；如果对方谈论的是车子，那么，他所喜欢的肯定不是火车。所以，在日常谈判中，我们要善于从交谈中“听”出对方的兴趣爱好，并适时把话说到心坎上，自然可以轻松赢得人心，从而顺利地赢得谈判的主控权。

1. 对方往往会较多地谈到自己在意的东西

当一个人对一个话题侃侃而谈，而且越说越兴奋的时候，我们不能判断说对方对这个话题的某些东西是不喜欢的。相反，因为喜欢，他才会不断地重复一些话，才会投入自己百分之百的热情。因此，在沟通过程中，我们要善于观察和倾听，对于某件事情，对方说得越多的时候，这表明这个话题中恰恰包括了对方所感兴趣的事情。

2. 谈判前搜集较多的关于对方的资料

在沟通过程中，要想准确地了解到对方的兴趣爱好，不仅仅需要在交谈时做仔细观察，而且还需要在沟通之前做足功课。比如，我们所要拜访的是一位美术老师，那可以确定的他所感兴趣的一定是美术，绝不会是其他什么东西，即便美术不是他的爱好，他是因为生存需要才选择了进入美术这个领域，但对他而言，美术也是他最熟悉的东西。只要我们可以准备一些谈话的资料，那在交谈过程中就可以准确地知道他所感兴趣的东西了。

3. 试探性询问

当我们不知道对方感兴趣的东西是什么，这时我们可以通过试探性提问，去发掘对方的兴趣点，这样对整个沟通也是很有帮助的。假如我们既不知道对方感兴趣的东西是什么，也不愿意通过试探性的提问去挖掘，那最后我们将在此次沟通中一无所获。

在倾听中发现对方的利益点

在日常谈判中，我们在与对方的交流沟通，实际上就是一场心理的较量。而且，彼此都带着各自在意的重点，以此来达成共识。如何才能打动对方呢？这需要我们仔细观察，从对方言语中抓住对方潜在的“利用价值”，再以其在意的东西作为利诱，这样一来，对方肯定会心动，而不得不答应我们的请求。而且，我们在以其在意的东西作为利诱，如此来暗合对方的心理，这样会让对方感到很受尊重，在无形之中，也拉近了彼此的距离。

有时候，对方潜在的“利用价值”往往是他的把柄之一，有可能他会为了某些欲望而放弃之前所提出的条件，在此时，我们趁虚而入，对方就会在交流中败下阵来。在这里，所谓的“利用价值”，也就是其最在意的东西，诸如头衔、利益，等等。

谈判实景：

三国时期，邓芝受命出使东吴。他到了东吴，孙权对他很怀疑，因此不肯接见。过了两天，邓芝给孙权写了一封书信。孙权一看，只见书上写道：“臣今到此，非但为蜀，并且为吴。若大王不愿见臣，臣就走了。”孙权犹豫不定，一些大臣也都想刁难一下邓芝。后来，孙权采纳了张昭“先给邓芝一个下马威”的意见，在殿前放一个沸腾的油鼎，命武士各执兵器，站立在两侧，召邓芝入见。

邓芝听孙权召见他，便从馆舍出来，毫无惧色，昂首走入大殿。邓芝进入殿内，就对孙权说：“我特为吴国利害而来，大王却设兵置鼎，以拒一儒生，可见大王度量太小。”孙权听后，觉得很惭愧，忙令人赐坐。邓芝问道：“大王欲与魏和呢？还是与蜀和呢？”孙权说：“孤非不欲和蜀，但恐蜀主年幼国小，不足敌魏。”邓芝侃侃道：“大王为当世英雄，诸葛亮亦一代豪杰。蜀有山险关隘，吴有三江，若互为唇齿，进可兼并天下，退可鼎足峙立。如大王甘心事魏，魏必然会征大王入朝，索王子做质子，一不从命，便起大兵讨伐，那时蜀国再顺江东下，臣恐大王两面受敌，江东之地不能复有了，请大王熟思！”为赢得孙权的信任，表示诚意，邓芝又说：“若大王以为愚言是不可取的谎言，吾愿立即死在大王面前，以杜绝说客之名。”说着，撩起衣服，就装做向油鼎跳去。孙权忙令人将邓芝拦住，请入后殿，以上宾之礼相待。

刚开始，孙权不愿意接见，邓芝就直言不讳地说：“臣今到此，非但为蜀，并且为吴。”不仅为蜀国而来，也为吴国而来，似乎蜀国与吴国有着牵扯不清的关系。后来，在整个谈判过程中，邓芝详细地解释了："诸葛亮亦一代豪杰，蜀有山险关隘，吴有三江，若互为唇齿，进可兼并天下，退可鼎足峙立。如大王甘心事魏，魏必然会征大王入朝，索王子做质子，一不从命，便起大兵讨伐，那时蜀国再顺江东下，臣恐大王两面受敌，江东之地不能复有了，请大王熟思！"原来，蜀吴两国是互为唇齿，如果蜀国没了，那吴国的屏障也就失去了，这样一来，大家岂不是在同一条船上。最终，孙权明白了其中的利害关系，他被邓芝一番恳切的言辞打动了。

谈判心理策略分析：

1. 找到对方的利益所在点

在每个人身上，他们都会有一定在意的关于利益的东西，有可能是金钱，有可能是名声，有可能是地位。那么，在沟通的过程中，我们要善于以对方在意的利益作为诱饵，以此达到打动对方的目的。

2. 找到对方的兴趣所在

每个人都有自己的兴趣爱好，因此，在交流过程中，我们要想办法找到对方的兴趣点。可以在与对方交谈之前做好准备工作，打听对方有什么兴趣爱好；也可以通过自己的观察或提问来获得对方感兴趣的事情。

3. 给对方一个响亮的头衔

俗话说："佛要金装，人要衣装。"头衔也有它的作用，而且，这样的作用还不小。头衔就犹如名字的装饰品，它华丽堂皇，令那些听闻其的人都心生羡慕、嫉妒，与此同时，也令当事人感到莫大的荣幸与骄傲。

倾听中读懂对方言语之外的小动作

现代心理学的研究证明：一个人不经意间表现出来的小动作能够反应出一个人的真实性情，或者对别人所保持的态度以及意见。在日常谈判中，我们会发现，几乎每个人都有其特别的小动作，而这些不经意表现出来的小动作恰好能直接反应其真实性情。实际上，每一个人的小动作都隐藏着其内心的真实想法。在很多时候，一个人的肢体语言和他们内心想要说的话并不一样，这就是所谓的小动作了。

比如，在日常交流中，对方看起来很认真地在听，但是，在桌子的下面，他的手指却在不停地反复敲击着。这样的小动作表示这个人实际上与他的表面是相反的，他一点也没有将心思放在开会上，心不知道飞到哪里去了。因此，在生活中，如果我们能仔细观察他人的小动作，那么，我们可以看出其真实的性情。

谈判实景：

小白是一个话很多的人，经常逮着机会就与同事大侃起来，也不管对方愿不愿意听。对此，坐在他旁边的小李可就遭殃了，每次小白都会转过身来，兴致勃勃地说些自己碰到的趣事，小李虽说表面不好拒绝，但他总是不安地用笔杆敲打桌面，以此表达自己的意思。小白却是一个马大哈，他不明白小李为什么喜欢敲桌子，不过，他什么也不想，还是自顾自地说话。

有一次，小白碰到了学心理学的朋友。在聊到小动作的时候，小白突然想到了小李，他问道："当一个人总是用笔杆敲打桌面的时候，他心里在想些什么呢？"朋友回答说："这样的小动作，大多表示他对你所讲的话已经感到厌烦了。""啊？"小白恍然大悟，后来，在办公室里，他收敛了自己的个性，不再经常缠着小李说话了。

小白通过向自己学心理学的朋友询问，发现同事的小动作是想告诉自己：我对你所讲的话并不感兴趣。在我们身边，每个人都有那么几个常见的小动作，我们可以通过观察对方的一些小动作来发现他们对自己的意见。另外，通过一些心理实验表明，如果你与一个你很讨厌的人在一起，只会出现两种相对的反应：一是太随便，根本不在乎对方的想法；二是太拘谨，看起来无所适从，甚至，不知道该把手放在哪里。而他们表现出来的不同反应，正好可以揣测出对方的真实性情。

谈判心理策略分析：

每个人都有心情不好的时候，特别是由于别人造成的情况，他会尤其表现得更突出，从而表现出烦躁不安。这些情绪除了通过面部表情及口头语言表现出来以外，还通过一些小动作显现出来。下面我们就介绍几种人们常见的几种小动作。

1. 喜欢用嘴咬住一些物品的人

有时候，我们经常会发现有的人喜欢用嘴咬眼镜腿、铅笔或者其他一些物品。这一类型的人喜欢我行我素，不喜欢受人管制。他们做出这样的动作，是想掩饰自己恶劣的情绪，不想让别人知道。在这种情况下，你千万不要上前搭话，以免加重其恶劣的情绪。但在有时候，这样的小动作也无法克制他那种内心的不满情绪，他们的情绪有可能会进一步恶化，有可能在突然之间爆发出来。

2. 习惯用手拢头发的人

有的人喜欢用指尖拢头发、轻搔面部，或是把食指放在嘴唇上。他们这一类的人性格比较开朗、乐观，虽然在面对生活或工作中的困难时也会出现失望、沮丧的心情，但是他们能在最短时间内调整好自己的心态，坦然面对这一切，并致力于寻找解决问题的办法。

如果有人在你面前作出这样的小动作，那就表明他对你的谈话没有多大的兴趣，显得有点左顾右盼，漫不经心。他们或许正在思考自己的问题，并且认为你是在打扰他，但他们会碍于情面而不表露出来。

3. 喜欢两手互相摩擦的人

有的人习惯两手不停地摩擦。这一类型的人对自己充满了信心，喜欢挑战自我，并且在成功的路上敢于承担一定的风险。一旦他们决定去做某件事情的时候，就会一直坚持下去，而不会轻易改变主意和行动方向，所以他们在某些时候显得比较固执。而他们通常出现这种情况的时候，就是烦躁不安、心情郁闷的时候。

4. 习惯用手抚摸下巴的人

有的人习惯于用手抚摸下巴或者抓着下巴。做出这样小动作的人大多比较世故圆滑，有较深的城府。他们这样不断地抚摸下巴只是想使自己镇静下来，克制自己内心的不满情绪，以免在自己冲动之下做出什么举动来，同时，他也在思考下一步的对策。

5. 喜欢咬牙切齿

有的人在烦躁不安的时候喜欢咬牙切齿，这一类型的人情绪变化无常，显得很不稳定。他们的心胸不是很宽广，喜欢意气用事，就连理智也无法把握感情。

谁说得比较多，只会处于被动局面

在谈判过程中，谁先开口说话，谁说的比较多，谁就有可能处于被动的位置。俗话说："商场如战场。"在谈判桌上，为了避免受到对手的攻击，人们总是千方百计地遮掩自己内心真正的想法，而"紧闭嘴巴"则成为了其掩盖自己心理的有效方法之一。试想，若是什么都不说，自然对方也不知道自己在想什么，自然是胜券在握。反之，谁说的比较多，他暴露出来的信息就比较多，当然，他就只能处于被动位置了。因此，为了自己能占据主动位置，应该让对方先开口。更为关键的是，只有让对方先开口，你才能探得一些信息，在接下来的谈话中，你也能句句击中其心理了。

谈判实景一：

几年前，美国一家大汽车公司，正在接洽采购一年中所需要的座垫布。消息一出，立即有三家厂商把样品送去备选，这家汽车公司高级职员验看后，便要求每家公司各派一位代表前来商谈，再决定选购那一家厂商的东西。

琪勃是其中一家厂商的代表，就在那一天，他却患了严重的喉炎。当琪勃先生去见汽车公司那些高级职员时，他竟哑了嗓子，几乎连一点声音也发不出来。他们被带进一间办公室，跟里面的纺织工程师、采购经理、推销主任和那家汽车公司的总经理都见了面。当琪勃站起来想要说话时，却只能发出沙哑的声音来。大家是围绕一张桌子坐着的，琪勃的喉咙发不出声音，只好用笔把话写在纸上：“诸位先生，我嗓子哑了，不能说话，你们先说吧。”于是，其他厂商代表纷纷开始讲起来，每到一个厂商讲话的时候，总经理都会提出自己的某些看法。而坐在旁边的琪勃则会把那些信息记下来，再综合自己产品的信息。

等到大家都讲完了，琪勃开始嘶哑着声音说：“大家都说得差不多了，我来说说我们公司的产品吧……”由于之前琪勃收集了经理的一些信息，他已经知道了经理看重产品的哪方面，不介意产品的哪些方面，因此，他谈了公司产品的特点，短短几句话，赢得了经理的认可。最后，这家汽车公司向琪勃订购了五十万码的座垫布。

也许，这份订货单是琪勃至今为止所经手过的最大的一份，但是，琪勃很清楚如果不是自己喉咙嘶哑，说不出话，他就会失去那份订货合同，因为他在之前对整个事情都有错误的观念，以前，他总是觉得自己先开口，越能掌握话语的主动权。但通过了这次经历，琪勃发现原来让别人先开口讲话，这是很值得的。

谈判实景二：

小张是一个推销员，经常是天南海北地跑。有一次，他出差到了杭州，工作任务是与商家洽谈一笔生意。

到了约定的时间，小张来到酒店，双方代表面对面落座。小张注意到对方是一个不苟言笑的人，而且，见到小张来了，他还在低着头看报纸。小张觉得比较闷，就主动向对方打招呼：“最近杭州天气比较热啊？”没想到，那位谈判对手头也不抬，冷漠地回答：“杭州都是这样的天气。”小张并没有放弃想交流的欲望，他继续问：“听口音您不是本地人吧？”“噢，山东枣庄人。”对手抬起头来，警觉地看了小张一眼。“啊，枣庄是个好地方！读小学的时候，我就在《铁道游击队》的连环画上知道了。两年前去了一趟枣庄，还在那边玩了两天呢，很不错，真是个好地方。”听了这话，那位枣庄人精神为之一振，马上站起来放下报纸，先是递烟，又与小张互赠名片。两人越聊越高兴，晚上相约一起进餐。就在当天晚上，双方就谈成了互惠互利的一笔生意。

如果对手不先开口，小张就无法知道详细地了解对方，自然也就没有办法谈成生意了。在谈判过程中，谁先开口，谁谈论的比较多，谁暴露的信息就比较多。而作为其对手，我们应该从其所谈论的话题中洞悉其心理，这样，在接下来的言语交锋中，我们才能对准其心理，达到谈判成功的目的。

谈判心理策略分析：

1. 多提问

潜能大师安东尼·罗宾说过：“对成功者与不成功者最主要的判断依据是什么呢？一言以蔽之，那就是成功者善于提出好的问题，从而得到好的答案。”在谈判过程中，善于提问是很有必要的，一个好的提问可以引发一次愉快的沟通，而一次愉快的沟通会让你获得更多的信息。

2. 尽量让对手多说话

成功的沟通是尽可能地让对方多说话，当需要别人去赞同自己意见的时候，失败的原因就在于话说得太多了，特别是一些推销员，他们很容易犯这个错误。其实，要想取得良好的谈话效果，你应该让对手多说话，表达出自己的意见，或者说，应该你问他问题，让他来告诉你一些事情，这样你才能搞清楚对手到底在想什么。

商务谈判中的倾听技巧

倾听是谈判过程中不可或缺的部分，听与倾听有所不同：前者是反映听觉机能的状况，后者除了健全的听觉，更需要全情投入，付出真诚和专注。谈判是一个沟通过程，双方进行一连串的讨论和对话，希望达成双方满意的协议。大多数谈判者会以为，在实际谈判过程中，应该要多说话才可以令对方信服并接受自己提出的建议和条件。但事实上，谈判时多说话，只会错误暴露自己的底牌，甚至激发彼此间的争论，扩大分歧，甚至可能导致谈判走向僵局。所以，在谈判过程中，我们应该多听少说，才可以知己知彼，百战不殆。

倾听之道，在乎“耐心倾听”，即需要专注、忍耐，尽量让对方把要说的话说完，尤其是一些批评的话。许多人喜欢抢着说话，这导致只能听到部分或表面信息，忽略了重要内容或弦外之音。我们在很多时候听到别人说“请让我把话说完”，就是这个状况。商务谈判是企业经济活动中的一项非常重要的活动。在商务谈判中，双方了解和把握对方观点与立场的主要手段和途径就是听。大量实践证明，只有在清楚地了解对方观点和立场的真实含义之后，我们才能准确地提出自己的方针和提议。

谈判实景二：

威廉是一位小卖部老板，有一次他的房屋由于受到台风的袭击而遭受较为严重的破坏，由于房子在保险公司是投保的，他打算向保险公司索取一定的赔偿。不过，他生性胆小怕事，不好意思开口，他打算请自己的朋友杰克帮忙。杰克是当地有名的谈判专家，他的谈判风格是非常重视倾听的技巧。

首先，杰克先让威廉将事情的来龙去脉详细地讲述了一遍，然后答应了他的请求，并对威廉说：“我非常乐意帮你这个忙，尽可能地向保险公司要求更多的赔偿，这个不是问题，因为根据规定和合同，保险公司应该支付你必要与合理的赔偿。不过，希望你能告诉我你希望得到多少赔偿金呢？”威廉说：“我想看看保险公司是否赔偿我500美元，你觉得有可能吗？我当然希望能够多赔偿我一些，但是，我这口才你是清楚的，如果我自己去谈判，估计一分钱也要不回来。”杰克点点头，然后再问：“那你实话告诉我，这场台风究竟给您造成了多少经济损失？”威廉回答说：“这您放心，我房屋的受损程度绝对超过500美元。”听到这样的话，杰克心里便有了主意，因为他知道该向保险公司要多少赔偿以及保险公司最多能够给多少赔偿了。

杰克给保险公司打电话，详细地向对方讲述了事情的发生过程，并说明自己的房子是在他们公司投了保险的，要求保险公司能够在最短的时间内给予解决，因为他已经没有地方住了，否则保险公司将对此全部负责。果然，半个小时之后保险公司的理赔员来到威廉的家里，当他发现杰克也在的时，就知道自己今天的工作肯定不好开展了。理赔员主动跟杰克打招呼："你好，杰克先生，很荣幸能够在这里遇见你。"杰克热情地回应对方："你好，见到你很高兴。"接着理赔员便开始直接说了："杰克先生，我知道像你这样的谈判专家，对于大多数的谈判都是权威，但是在今天的赔偿上，我们恐怕不能够赔偿你太多的金额。请问您，如果我只能赔偿您200美元，你觉得怎么样呢，是不是嫌太少了呢？"

杰克没有说话，沉默了一会，然后他对理赔员说："你确定你没搞错吗？我是不可能接受你这样的条件，数目少得令人难以置信。"杰克凭着多年的经验，从对方说话的口气里，可以判断出第一次出价后必然会有第二次，甚至第三次、第四次，而且理赔员一开口说只能赔多少，显然他自己也觉得这个数目太少，不好意思开口说。过了一会儿，对方又说："好吧，真的不好意思，请您别将我刚才说的价格放在心上，我给您300美元，怎么样？"过一会儿，理赔员又说："绝对不行，好吧，那就400美元，我看这些够多了，再多了就不合理了吧？"杰克说："400美元？我不知道，不过确实难以接受啊。"于是，理赔员一次次地将赔偿金额增加，最终，竟然以惊人的1300美元的赔偿费结束这个谈判，大大出乎威廉的意料。

从心理学和日常的生活经验来看，当人们专注地倾听别人说话时，表示人们对讲话者的观点很感兴趣或很重视，从而可以给对方以一种满足感，这样就在双方之间产生一定的信赖感。美国科学家富兰克林曾说："与人交谈取得成功的重要秘诀，就是多听，永远不要不懂装懂。"

所以，谈判者一定要学会如何"听"，在认真、专注地倾听的同时，积极地对讲话者做出反应，以获得较好的倾听效果。在实际谈判中，谈判者应该把自己置于一个什么样的位置上，以什么样的姿态来听取对方的发言和意见并快速对此做出正确判断和反馈。这不但取决于谈判者完善的自我表达，更取决于谈判者高超的倾听技巧。

谈判心理策略分析：

1. 认真倾听

在谈判过程中，我们要认真倾听，面向说话者，同他保持目光接触，要以姿势和手势证明我们在倾听，表示出自己的诚意和对对方的尊重。无论你是站着还是坐着，都要与对方保持最适宜的距离。大多数情况下，说话者都愿意认真听讲、举止活泼的听者交往。

2. 注意力集中在对方所说的语言内容上

在倾听过程中，我们要把注意力集中在对方所说的语言内容上，不但要努力理解对方言语的含义，而且要努力理解对方的感情和文化含义。同时，我们要了解对方的文化背景、价值取向和语言特点等，才能保证全面理解所收听的对方讲话的全部内容。

3. 努力表达出自己的理解之意

我们在与对方交谈时，要利用有反射地听的做法，努力弄清楚对方的感觉如何，对方到底想说什么。假如我们可以全神贯注地听对方的讲话，不但表明我们对对方的肯定的态度，促使对方感到理解对方的情感，而且有助于你更准确地理解对方的信息。

4. 避免使自己陷入争论

当我们内心不同意对方的观点时，对他的话不可能充耳不闻，而只顾自己发言。一旦发生争论，也不能一心只为自己的观点寻找根据，而把对方的话当成耳边风。假如你不同意对方的观点，也应该等对方说话之后，再论述自己的观点。

第05章

问得巧妙，胜得巧妙——提问的策略

在谈判过程中，为了有效地促进交流的顺利进行，必须经过提问和回答这一环节。那么，适当的提问以及灵活地回答对方问题，这就是说话之道了。沟通是两个人的互动，也就是彼此交换想法和意见，在谈判过程中，我们应该有效提问。

提问，促使谈判走向成功

提问是引导谈判顺利进行的好方法，谈判者只有做到切中实质、有的放矢地提问才可以达到预期的效果。在谈判过程中，任何提问都必须紧紧围绕着特定的目标展开，这是每一个谈判人员都必须记住。所以，与谈判对手沟通的过程中的一言一行都是要有目的地进行，千万不要漫无目的地脱离最根本的谈判目标。

谈判实景：

小李是一位大型机械设备厂的销售员，他曾经5次打破公司的销售记录，其中有3次他的个人销售量占全公司销售量的50%以上，他是怎么做到的呢？小李说自己成功销售的秘诀就是常常进行有针对性的提问，然后让客户在回答问题的过程中对产品产生认同。

小李说，自己在日常销售过程中经常会问这样一些问题：

您好！我听说贵公司打算购进一批机械设备，能否请您说明您心目中理想的产品应具备哪些特征？

我们公司非常希望与您这样的客户保持长期合作，不知道您对我们公司以及公司的产品印象如何？

您认为造成这些问题的原因是什么呢？

您可能对产品的运输存在着疑惑，这个问题您完全不用担心，只要签好订单，一个星期之内我们一定会送货上门。现在我想知道，您打算什么时候签订单？

我很想知道贵公司在选择合作厂商时主要考虑哪些因素？

您是否可以谈一谈贵公司以前购买的机械设备有哪些不足之处？

如果我们的产品能够达到您要求的所有标准，并且有助于贵公司的生产效率大大提高，您是否有兴趣了解这些产品的具体情况呢？

如果您对这次合作满意的话，一定会在下次有需要时首先考虑我们，对吗？

提问的类型是多种多样的，提问的重要作用在于：可以引起对方的注意，为对方的思考提供既定的方向。从而可以获得自己不知道的信息、不了解的资料；可以传达自己的感受，引起对方的思考；可以控制谈判的方向，让话题趋向结论。

谈判心理策略分析：

不过，在提问时我们还是需要注意几个问题：

1. 提问的速度应适宜

提问时若说话速度太快，容易让对方感到你不耐烦，甚至有时会感到你好像是在以审问的口气对待他，从而引起对方的反感。相反，假如说话太慢，则容易让对方感到沉闷、不耐烦，从而降低了提问的力量。所以，提问的速度应该是快慢适中，既让对方听懂你的问题，又不至于让对方感觉到拖沓、沉闷。

2. 注意对方的情绪

谈判过程中，需要尽量创造出一个好的谈判气氛，不过谈判者受情绪的影响在所难免，需要随时留心对手的心情。在对方看起来心情较好的时候，提出相应的问题。因为在对方心情很好的时候，经常会轻易满足你所提出的要求，而且还会变得粗心大意，很容易暴露一些相关的信息，这时我们就可以抓住机会而有所收获。

3. 给对方充分的回答时间

提问的目的是让对方回答问题，并最终受到己方满意的效果。所以，谈判者在提问时应给对方足够的时间答复。同时，自己也可以利用这段时间，对对手的答复以及下一步的提问，进行必要的思考。

4. 提问要连续

在谈判过程中，双方都有各种各样的问题，不同的问题存在着内在联系。因此，在提问时假如要围绕着某一个事实，则提问者应该考虑前后几个问题的内在逻辑关系。不要正在谈这个问题，突然又提出一个与此无关的问题，让对方无所适从。而且，这种跳跃式的思维方式会分散对方的精力，让各种问题纠缠在一起，最后也理不出个头绪来。而在这样的情形下，你的提问自然不会获得对方的圆满答复。

以提问破解谈判窘境

提问是谈判中获得对方信息的一般手段。通过提问，除了可以从中获得众多的信息之外，还常常能发现对方的需要，知道对方追求什么，这些都对谈判有很大的指导作用。另外，提问还是谈判应对的一个手段，是谈判者机警的表现。在商务谈判中，精妙的提问不但可以获取所需的信息，而且还能够促进双方的沟通。所以，谈判者总是不停地向对方提出各种问题，以试探虚实，获取信息。

有时候，在谈判过程中，因为种种原因导致对方面色不佳，不愿意回答我们的问题，甚至不愿意继续沟通下去，这是一个非常关键的时期，稍微不慎就使整个谈判陷入僵局。这时，我们也可以通过提问来化解对方的敌意。

谈判实景一：

斯科特先生是一家食品店的老板，库尔曼曾向他推销自己所在保险公司有史以来最大一笔寿险：6672美元。当库尔曼向斯科特先生问道："斯科特先生，您是否可以给我一点时间，为您讲一讲人寿保险？"斯科特："我很忙，跟我谈寿险是浪费时间。你看，我已经63岁，早几年我就不再买保险了。儿女已经成人，能够好好照顾自己，只有妻子与一个女儿和我一起住，即便我有什么不测，她们也有钱过舒适的生活。"

换了别人，斯科特这番合情合理的话，足以让他心灰意冷，但库尔曼不死心，仍然向他发问："斯科特先生，像您这样成功的人，在事业或家庭之外，肯定还有些别的兴趣，比如对医院、宗教、慈善事业的资助。您是否想过，您百年之后，它们可能无法正常运转?”

见斯科特没说话，库尔曼意识到自己，问到了点子上，于是趁热打铁，说下去：“斯科特先生，购买我们的寿险，不论你是否健在，您资助的事业都会维持下去。7年之后，假如还在世的话，您每月将收到5000美元的支票，直到您去世。如果您用不着，您可以用来完成您的慈善事业。”

听了这番话，斯科特的眼睛变得炯炯有神，他说：“不错，我资助了3名尼加拉瓜传教士，这件事对我很重要。你刚才说如果我买了保险，那3名传教士在我死后仍能得到资助，那我总共要花多少钱?”库尔曼答：“6672美元。”最终，斯科特先生购买了这份保险。

库尔曼开始意识到对于像斯科特这样成功的人士，跟他们谈寿险所带来的收益并不会使之心动，而他更注意到，像这样的成功人士都会有一些特别的兴趣，比如慈善，假如自己向他解释购买了寿险还可以帮助自己继续慈善事业，那岂不是把话说到了对方的心里吗？于是，他通过提问聊到了慈善问题。果然，之前一听说销售寿险而表现冷淡的斯科特在听到了购买寿险可以帮助自己做慈善事业，开始表现出极大的兴趣。在库尔曼的心理诱导下，斯科特开始重新审视购买寿险这件事，当然，最终库尔曼做成了这笔交易。

可以说，以上这个案例是一次成功的谈判。在实际谈判中，最忌讳的是当我们说出自己的某些想法或观念之后，所遭遇的是对方冷漠的态度，这是整个谈判将陷入一种僵局，假如在这时不及时暖和气氛，或者说几句话暖场，那我们的谈判有可能会遭遇失败。在这个案例中，库尔曼也遭遇了这样的窘境，不过，信心十足而又机智的他并没有引导谈判走向死胡同，而是转换了一个话题。

谈判实景二：

有一次，原一平去拜访一位客户，在拜访之前。他了解到这位客户性格内向，脾气古怪。见面后，为了营造轻松的气氛，原一平微笑着打招呼：“你好，我是原一平，明治保险公司的业务员。”客户情绪似乎很烦躁：“哦，对不起，我不需要投保，我向来讨厌保险。”原一平继续微笑着说："能告诉我为什么吗？"客户忽然提高了声音，显得很不耐烦："讨厌是不需要任何理由的！"

原一平知道客户发飙了，但是，他依旧笑容满面地望着他："听朋友说你在这个行业做得很成功，真羡慕你，如果我能在我的行业也能做到像你这样，那真是一件很棒的事情。"听到这样一说，客户的态度稍有好转："我一向讨厌保险推销员，可是你的笑容让我不忍拒绝与你交谈，好吧，说说你的保险吧。"

在接下来的交谈过程中，原一平始终带着微笑，客户在不知不觉中也受到了感染，谈到了彼此感兴趣的话题时，两人都大笑了起来。最后，客户微笑着在单上签上了名字，与原一平握手道别。

原一平，这位身高只有1.53米，整体毫无气质和优势可言的保险推销员成功了。尽管客户非常不耐烦，但原一平还是微笑着发问："能告诉我为什么呢？"在这个案例中，他不仅仅擅长提问，更擅长以自己的微笑去打动对方。微笑，适时为他的提问增添了几许的感染力，以至于客户也说："我一向讨厌保险推销员，可是你的笑容让我不忍拒绝与你交谈，好吧，说说你的保险吧。"自然而然地，他办成了自己想办的事情，最后他成为了世界闻名的推销员。

谈判心理策略分析：

1. 提问题要恰当

假如按问题规定的回答方式能够得到使对方接受的判断，那么这个问题就是一个恰当的问题，反之就是一个不恰当的问题。所以，在协商阶段，谈判者要想有效地进行协商，首先必须确切地提出争论的问题，尽可能避免提出含有某种错误假定或敌意的问题。

2. 问题要有针对性

也就是说一个问题的提问要把问题的解决引到某个方向上去。在协商阶段，一方为了试探另一方是否有签订合同的意图，谈判者必须根据对方的心理活动运用各种不同的方式提出问题。比如，当对方不感兴趣、不关心或犹豫不决时，我们应问一些引导性问题："你想买什么东西？""你愿意付出多少钱？”“你对于我们的消费调查报告有什么意见？”提出这些引导性的问题后，对方可根据买方的回答找出一些理由来说服对方促成对方与自己成交。

3. 提问必须要谨慎

谨慎运用问题，可以促使我们能轻易地引起对手马上的注意和使之对问题保持持久的兴趣。此外，经常地提出问题，你的对手会被导向你所期望的结论。由于提出问题是一个具有相当力量的谈判工具，因此在应用时必须审慎明确。问题决定讨论或辩论的方向，适当的发问常能指导谈判的结果。发问还能控制收集情报的多少，并可以刺激你的对手慎重地考虑你的意见。为了答复你的问题，你的对手不得不想得深入一点，从而他会更谨慎地重新检测自己的前提，或是再一次评估你的前提。

商业谈判六大提问技巧

商务谈判中一个重要的策略就是多听少说，而多听少说的一个关键技巧就是善于提问。毕竟“发问是商务谈判中的相互沟通的基本方法”。在商务谈判中，谈判者对谈判的关注也经常表现为发问。在大多数商务谈判中，提问是推动谈判层层深入的重要手段。比如，“我喜欢这种茶叶，多少钱一斤？”、“贵方报价高出我的接受能力，是否可以做些调整？”、“贵方是否愿意按低于市场价格25元一斤成交？”通常情况下，提问可分为开放式和封闭式两种。开放式提问可以让对方在回答问题时不受约束，可以畅所欲言，经常用于营造谈判氛围；封闭式提问，语言直接，明确具体，它常用于具体业务内容的洽谈。

谈判实景：

在《左传》中，记载了这样一个故事：当时，秦国与晋国正在交战，结果秦国大获全胜，而且，还俘虏了晋惠公。秦国答应议和，晋国当即派了阴饴甥前来谈判。

秦国国君说："晋国意见一致吗？"阴饴甥回答说："哪里会一致呢？小人们以失去自己的君主为耻，为自己的亲属伤亡而痛苦，这些人不怕征税修治甲兵的困难而拥立太子为国君，声称宁肯屈事戎、狄之国，也一定报这秦国之仇。而君子又明白自己的罪过，他们不怕征税修治甲兵的困难而等待秦国的命令，说宁死也不生二心，一定会报答秦国的恩德，所以，双方的意见不一致。"

秦国国君继续问道："晋国认为他们的国君的前途会怎么样？"阴饴甥回答说："小人们感到悲观失望，认为他不会被赦免；君子们相信秦国会宽恕，认为国君一定会回国。对此，小人们说：我们加害过秦国，秦国岂能放国君回来？君子说：我们已经知道自己的罪过了，秦国一定会放国君回来的。认罪了就放过他，没有什么比这更宽厚的恩德了，他们会怀念秦国的恩德。经过了这一次战争，大家都认为秦国可以做诸侯的盟主了，假如秦国不放我们的国君回来，不让他君位安定，就会把感恩的人变成怨恨的人，秦国不会这样的。"秦国国君听了，说道："这就是我的想法啊！"于是，对晋侯改用诸侯之礼。

在这里，阴饴甥所使用的就是诱导性提问，秦国虽答应议和，但对作为战败方的晋国来说，势头远远低于对方。但是，在议和的整个过程中，阴饴甥这位使臣却表现得临危不乱，不卑不亢，并以小人和君子做比喻，既表示"一定报仇"，又表示"一定报德"；一边为君王的前途担心，一边又对秦国寄予了厚望。如此，不卑不亢地表现了晋国敢于抗秦的决心，同时，恰到好处地表现了愿与秦国议和的意愿。

谈判心理策略分析：

在实际谈判中，商务谈判中的提问又大致分为六种：一般性提问、引导性提问、探寻性提问、澄清性提问、迂回性提问和借助性提问。一般性提问，如："你认为如何？"直接性提问，如："谁能解决这个问题？"诱导性提问，如："这不就是事实吗？"探询性提问，如："是不是？""你认为呢？"

1. 一般性提问

一般性提问，就是一种普通提问，它只是为了获取信息，没有特别含义。比如“宋先生，您是第一次来杭州吧？”“假如发现产品质量有问题，我们该怎么办呢？”“索赔时，我们只需要提供一份货单就够了吗？”

2. 迂回性提问

迂回性提问，就是将我们意见摆明，让对方在此基础上进行回答的提问。因其具有一定的强迫性，所以应特别注意语调要委婉，措辞要得体。摆明至少两种可能性，供对方选择回答，这是一种选择性的提问方式。先假定对方的想法、建议、要求等是正确的，再提出一个与之相悖的问题，让其自己感到理屈，这是一种以退为进的提问方式。或许，当我们的某一项谈判要求得不到满足时，就提出一个对对方不利的要求，间接向对方讨价还价，希望对方能够做一些让步。

3. 探询式提问

在谈判过程中，在回答或处理对方所提问题或要求之前，向对方提出问题，以征求其意见和想法。比如“我们有各种各样的桌子，不知你对哪种产品感兴趣？”针对对方的叫苦而提问，探求其真实的想法和要求，比如·“那好，你认为什么价格才可行呢？”提出假设要求，借以了解对方虚实，比如：“那么，假如订货数量很大的话，你们可以降价多少？”

4. 引导式提问

引导式提问，指提出一个新问题，引出一项新的谈判内容。比如：“很高兴我们已经就技术方面进行了很好的洽谈，现在我们开始谈谈产品，好吗？”在实际谈判过程中，有些引导式问句具有强烈的暗示性，要求谈判对方可以产生与我们相同的看法，但并不要求对方一定做出直接的回答，比如“今天您先休息好吗？我公司副经理张先生今晚6点想邀请您共进晚餐。明天我们再开始洽谈业务”。

5. 澄清性提问

针对对方的表述、发问等某一内容，向对方提问，要求其加以解释、说明。比如："对不起，张先生，你说引进技术，这'技术'是指什么？"针对对方的表述，向对方表明自己的理解，再向对方提问求证。比如："平安险不包括由于自然灾害引起的单独损害，我这样理解正确吗？"

6. 借助性提问

借助第三者的口气或借助第三者的意见而提出的问句。有的是为了委婉，以便于沟通；有的是为了借助权威，以增强说服力。比如："李先生，听说你对我们的电子产品感兴趣，但我公司经营的电子产品种类很多，你具体对哪种型号感兴趣呢？""专家支持这种方式，不知贵方有何看法？"

旁敲侧击提问，探出答案

在实际谈判过程中，有时候，在提问时我们还可以采取"旁敲侧击"的方式，多问几个与主题相关的问题，然后在这些问题中找出正题的答案，这也是一种有效的提问方式。当主题变得太庞大的时候，或者说我们无法用直接的方式提问的时候，就可以采取这样的方式。当然，我们所询问的其他问题，必须是与正题相关的问题，否则，即便提问再多，也无法找到正题的答案。

谈判实景：

学生们在学习贾平凹的《风筝》这篇散文的时候，有位老师采用了两种截然不同的提问方式：

第一种提问：

老师：我们在做风筝的时候，心情怎么样？你是从哪些词句中体会到的？请把相关的句子画出来。

老师：请把做风筝时的快活读出来。

第二种提问：

老师：这一段话是介绍我们小时候做风筝的情景，请大家认真默读课文，看看我们做的是一只怎样的风筝？

学生：我们做的是一只蝴蝶样的风筝。

老师：还有不同看法吗？

学生：是一个什么也不像的风筝；是一个叫做“幸福鸟”的风筝；是一个带着憧憬和希望的风筝。

老师：风筝完工前，我们的憧憬和希望是什么？

学生：希望做出来的风筝很漂亮，像一只美丽的蝴蝶。

老师：我们精心做着，可做出来的风筝——

学生：什么也不像了。

老师：你一心想把事情做好，很认真地做了，结果做得很糟糕，这时候，你的心情会怎么样？

学生：伤心，难过，觉得没劲，打不起精神。

老师：做了个“四不像”的风筝，可我们为什么依然快活呢？

学生：只要风筝能飞起来就行！因为是自己亲手做的，再丑也喜欢！我们更在乎做风筝的过程。

老师：是呀！在我们看来，过程比结果更重要。这小小的风筝里，承载的是单纯的童心，是简单的幸福，是童年的快乐呀。让我们带着自己的理解，美美地读一读吧。

谈判心理策略分析：

前一种提问方式：做风筝的时候，心情如何？如何比较简单，学生只需要在课文中简单地搜索，稍微“编辑”一下就可以做出回答。而后一种提问方式，则是旁敲侧击，引领学生在言语的丛林中反复走了几个来回。最后，让学生有了全面而深刻的感悟，把散文读出了情感、读出了味道。

1. 提问要巧妙

同样一个主题的问题，提问的方法和角度是多种多样的。问得旁敲侧击则巧，问得直接则显得愚笨。提问的目的是为了获取答案，指明方向，促使双方之间的沟通，是为了启发对方，让对方有话可说，而且说得精彩。

2. 旁敲侧击是智慧的提问

假如是十分直接的提问，目标意识太过于强烈，雕刻的痕迹太过于严重，那对方就很容易产生厌倦和排斥之感。俗话说："欲速则不达。"提问也是一样的道理，智慧的提问，是旁敲侧击，既能"山重水复"，又能"柳暗花明"，旁逸斜出以求出其不意，曲径通幽巧入世外桃源。

顺势提问，说服对方

在实际谈判中，我们经常运用提问作为摸清对方真实需要、掌握对方心理、表达自己观点从而通过谈判解决问题的重要手段。如何提问是很有讲究的，重视和灵活运用提问的技巧，不但可以引起双方的讨论、获取信息，而且还能够控制谈判的方向。提问是谈判中经常运用的语言表达方式，合适的提问往往可以引导谈判者寻找很多机会，并打破僵局，促使谈判走向成功。有时候，我们可以通过提问晓以利害，顺势说服对方。

谈判是一个双方沟通的过程，为了避免沟通时出现障碍，保证顺畅、融洽，不妨在谈判中运用提问，即采用带有征求询问性质的提问来表达自己的要求，因为问话包含着征求询问的性质，是表示尊重对方的意思，最能博取对方的好感。

谈判实景一：

某男与女孩要结婚了，女孩决定操办一个豪华婚礼，男人却持不同意见，但直接表达恐怕引起对方不满。于是，男孩给女孩算了一笔账："完全按照女孩的意愿，酒席32万元，新房装潢和家具等12万元，蜜月旅行、喜车、喜糖、鞭炮、礼品等20万元，加起来要六七十万元。"然后告诉对方："现在有12万元的存款，每月结余大概1万元，一年大概存12万元。"然后，告诉女孩子："你看咱们是不是5年后，35岁有足够存款再结婚？"

女孩沉默了。“要不先贷款，然后再用5年的时间还贷？”女孩子也不满意，这时男孩趁势说道：“35岁结婚太晚了，背着贷款也不舒服，你看咱们是不是实际一点，看看哪里可以节省点？”女孩很轻易就同意了。

在实际谈判过程中，作为谈判者，我们需要认清这样一个问题，那就是在任何时候，当我们想要对方按照自己的思路走，那首先应该放下自己的观点和思想，按照对方的思路走，趁机寻找到击破对方心理的空隙，这样我们才能在最后达到自己的目的。

谈判中，双方需要了解对方的实力、要求，掌握各种有关的信息和背景资料。当谈判者对对方的情况不完全了解和对自己掌握的情况要求证实时，可以直接采用提问的方式，获取自己想要得到的信息。

谈判实景二：

某客户准备为自己的饭店购进一些桌椅，于是，他和家具公司的销售经理谈判。

客户：“我觉得那套棕色木质家具看起来比较大方，而且我一直比较喜欢木质的东西……”

销售经理：“请问您的饭店大厅有多少平方米？”

客户：“我的饭店有100平方米，买20套这样的桌椅应该能放得下。”

销售经理：“您看一下这套家具的宽度，是不是放在100平方米的饭店大厅里会不会让剩余的空间太狭窄了，其实主要是我们这里这个展厅比较大，很多人一进来就相中了这套家具，实际上那套小巧玲珑的家具更适合现代餐厅布局的特点，而且价格也比刚才那套实惠很多。”

客户：“你说的对，我还是买这套小一点的吧。”

这则案例中，这位销售经理，并没有为利欲熏心，而是从客户的实际情况出发，及时通过提问提醒客户：购买贵一点的那套木质家具是不适合的。这位谈判者这样说，会让客户从心理感激他，并觉得他是一个具备难得的品质的人，自然毫不犹豫地达成谈判目的。的确，伟大的销售员总是会在第一时间考虑客户的要求，晓以利害，顺势说服对方，一旦你掌握了这种方法，你的工作就能够更顺利地进行，并且你做成的不只是一笔生意，还赢得了一名忠实的客户。忠实客户给你带来的利益是不可估量的。

谈判实景三：

面对着号称百万雄师的曹军，孙权想与之决战，但又举棋不定。诸葛亮说："曹军势不可挡，不如投降算了。"孙权非等闲之辈，乃争强好胜、不甘居人之下的一代英才，听了诸葛亮的话，火一下子就蹿了上来，反问道："那刘豫州为何不降呢？"诸葛亮说："刘使君乃汉室之胄，雄才大略，英才盖世，岂能甘心投降，任人摆布呢？"诸葛亮见孙权抗曹之火被激将起来，这才详尽地向孙权分析了孙刘联军抗曹的有利条件，最终坚定了孙权抗曹的决心。

诸葛亮并没有说东吴如何兵精粮足、人才济济，也不说地势如何险要，而反说曹军如何势大，假劝孙权投降，通过晓以利害，顺势说服对方，这样就激起孙权争胜、不甘寄人篱下之心，完成其联吴抗曹的任务，他用的就是激将法。

谈判心理策略分析：

除了在提问时晓以利害，还需要掌握合适的提问时间。

1. 在对方说话停顿时提问

在谈判中假如对方发言冗长，或不得要领，或纠缠细节，或离题太远，影响洽谈进程，那可以在对方停顿时趁机提问："这些细节问题我们以后再谈，请谈谈你的主要观点，好吗？""第一个问题我们已经听明白了，那第二个问题呢？"这样的提问既不失礼，同时还可以帮助对方切回正题，继续谈判。

2. 在对方发言完了之后提问

当对方正在发言时，己方要认真倾听。即便发现了问题，你很想提问也切忌不要打断对方，可先把发现的和想到的问题记录下来，等待对方发言之后再提问。这样不但反映了己方的修养，而且可以全面地、详细地了解对方的观点和意见，避免操之过急，曲解了或误会了对方的意思。

3. 在谈判议程规定的辩论时间提问

智慧的谈判者在辩论前的几轮商谈中，总是细心记录，深入思索，抓住谈判桌上的分歧进行提问。结果不问则已，一问就问到了点子上。而且，在提问时需要注意问话的速度应适中，选择对方心情好的时候，然后给予对方足够的答复时间。

4. 在自己发言前后提问

当轮到自己发表意见时，可在谈自己的观点之前，对对方的发言进行自问自答，比如“您刚才的发言说明什么问题呢？我的理解是这样的……对这个问题，我说几点想法”。在充分地表达了自己的意见之后，为了让谈判沿着自己的思路发展，可以这样提问：“我们的基本观点和立场就是这样，您对此有什么看法呢？”这样的提问就是明显的承上启下，有较强的互动性，结果就容易让谈判顺利进行下去。

第06章

有效回答，滴水不漏——应答策略

与提问相伴的，就是答，问与答构成了人们语言交流的重要形式。实际谈判中的问答，是一个证明、解释、反驳或推销本方观点的过程。一般而言，即便是同样的问题也会有不同的回答，而不同的回答又会产生不同的谈判效果。当然，我们甚至可以说，那些不擅长回答问题的人，其实根本不会谈判。在谈判中，回答也是需要技巧的。

谈判中巧妙的应答技巧

俗话说："有问必有答。"假如说提问成为贯穿在整个谈判过程中的关键组成部分，那与之相伴的应答也享有同等的地位。由于谈判在某种程度上具有强烈的针对性，所以回答在谈判中也显得非常重要。在谈判中，回答是为了很好的互通信息，将自己的想法和不满借助别人提问的机会巧妙地表达出来；与将对方提出的问题给予回答，从而起到加深情感、解决问题、提升沟通质量和通过互动做到平时无法做成的事情。

谈判实景：

在《新约》里有这样一个故事：

犹太人和法利赛人带来了一个通奸的女人，他们问耶稣："按照摩西的法律，应该用石头打死这个女人。你说应该怎么办？"这是一个圈套——如果同意的话，耶稣身为一个"救世主"就要为这个女人的死负责任，但是如果不同意，那么他就违反了摩西的法律。

于是耶稣说："你们中如果谁没有犯过错的话，谁就用石头打死她吧！"人群中每个人都扪心自问，都觉得自己并不干净，于是就走开了，而那个女人也就得救了。

事实上，在实际谈判中，有时候我们所面对的问题比耶稣所面对的问题更难以回答。在上面这个案例中，耶稣凭借着自己的聪明才智巧妙地回答了这个问题，在现实生活中，我们又该如何回答这些问题呢？

谈判心理策略分析：

1. 预见问题，早做准备

高明的谈判者在接受他人提问之前，都会做好充分的准备。在掌握了对整个事情的深刻了解、整理出自己的观点和看法的基础之上，还应该有预见性的发现问题。当你掌握了大量的资料和情况，你就可以以自己的看法，提出一些有代表性的问题。因为，有可能你所预见的问题就是对方对你的提问。另外，还应该预见一些他人提出的一些不友好的问题，及时作好相应的应付措施。

2. 倾听问题

当谈判者已经做好了准备工作，面对对方，那就是应该倾听问题了。这就需要积极营造一个对方积极提问的氛围。谈判中在倾听问题的时候，需要态度认真，精神专注。

谈判者在听取他人提问时的态度，对提问者的情绪有很大的影响。这就需要谈判者保持态度认真、精神专注的积极态度，提问者会感到我们是重视听他的提问的，从而就把自己的提问毫无保留地说出来。有的谈判者在面对他人提问时，显得心不在焉，一会儿打个电话，一会儿向别人交代事情，一会儿插进与提问不相关的问题，这样就让提问者感到不被重视，他就有可能向你提出一些报复性的恶意问题。

3. 确认对问题的理解

谈判者在倾听问题的过程中，需要重新确认对问题的理解。对问题的正确理解，才有可能使你更为准备回答问题。另外，还要注意把对方所提的问题完全听完之后再回答，这一方面可以为自己整理思路争取一点时间，另外使自己有个整体的判断，并及时辨别该问题的性质。千万不要听到前面半截就开始开口回答，这有可能会掉进提问者设好的圈套里。

4. 辨别问题的性质

谈判者在面对他人的提问，应该快速整理一下这些问题，确认对这些问题的理解。这就包括你要仔细分辨哪些问题是不需要回答的，哪些问题是需要重点、详细回答的，哪些问题是不友好的。并及时想出对策。在制订回答问题的方案中，有些问题听起来似乎有道理，但实际上是恶意的提问。谈判者必须善于识别这些恶意的提问，并根据他们不同的性质，采取恰当的方法，予以正确的回答。总之，谈判者在面对那些不友好的问题时，一定要冷静，仔细分析，明确突破口在哪里，采取什么样的回答技巧，能够打消提问者的嚣张气焰。

5. 用不同形式地回答问题

为了使提问者的积极性不受做挫伤，能够持久地保持下去，谈判者需要对提问者的问题进行回答。不管是那些不必回答的问题，还是那些不友好的问题，你都可以采用不同的方式进行回答。对那些重点回答的问题，你应该认真回答，清楚地阐述出自己的意见和看法。面对那些不必要回答、不友好的问题，则应该采取灵活的方法，或是避实就虚，或是避其锋芒，或是沉默地拒绝。

回答问题的这几个步骤都是十分地关键，这就需要谈判者熟悉每一个环节，把握好每一个环节，这样才能够占据交谈的主导位置，使自己变被动为主动，更加全面地回答提问者的问题。

制造共鸣，表达自己的理解之情

在实际谈判中，要想与对方成为朋友，就学会分享他的思想和情感；要想对方能够敞开心扉，就需要解除他的心理防线。尤其是在提问的过程中，我们要给予那些回答问题的人及时地反馈，制造出共鸣，表达对对方回答的理解之情。绝大多数人在面对陌生人的时候，都会不由自主地在心里建立一道心理防线，在他眼神里满是戒备和冷漠。但是，如果你能够让对方感觉是同等位置的人或者正好你们的喜好兴趣都是相似的，那么在你们之间就会产生共鸣。他会觉得你是可以信赖的朋友，是可以谈心诉苦的朋友，自然就会对你敞开心扉。

谈判实景：

伊丽莎白·洛亚科是一位澳大利亚人，她采用分期付款的方式买了一辆车。但是由于种种原因，她已经有六周的时间没有按合同交款了。一个星期五的上午，负责洛亚科买车付款账户的一名男子给洛亚科来了电话，他在电话里愤怒地告诉洛亚科，如果下周一上午不把钱交上的话，他们将采取进一步的行动。刚好又是周末，洛亚科没有筹到钱。于是这名男子星期一在给洛亚科的电话里说了更多难听的话。当时洛亚科先真诚地道歉，说真的是给他带来了很大的麻烦，而且因为自己六周没有付款，一定是客户中最让他头疼的。这名男子听了洛亚科这一番话后立即改变了态度，说洛亚科并不是最让他烦心的，并且还举了几个例子来说明。他说有一个客户经常撒谎，躲着不见，还有的非常不讲理。洛亚科没有说话，只是静静地听，让他把心中的不快都说出来。最后，还没有等洛亚科提出什么要求，这名男子就主动说如果洛亚科不能马上交还欠的钱也可以，只要洛亚科在本月底先付给他20美元，然后，在她方便的时候再把其余的钱交给他就可以了。

在谈判过程中，人与人沟通是很难在一开始就产生共鸣的，尤其是当我们试图说服对方或者对他人有所求的时候，可是，如何从中寻求到共鸣呢？共鸣是一种强烈的心理感应，意味着双方之间有共同的心理体验。所以，当对方在回答我们所提出的问题的时候，我们需要及时给予反馈，表达出对对方回答的理解之情。

谈判心理策略分析：

洛亚科真诚的道歉后，双方谈话的气氛开始发生了变化，洛亚科开始并没有为自己争辩什么，而是表达出自己的理解之情。那位男子语气也开始变化，他发了自己的牢骚后，居然也没有继续追问付款的事情，而是相同地站在洛亚科的角度上，再给洛亚科宽限数日，这样，双方都愉快地结束了谈话。

1. 站在对方的角度想问题

如果我们在听取别人答案的时候，能从对方的观点去想，站在别人的立场分析事情，就能够得到对方的认可和信赖，并促使整个谈判走向和谐。由于换位思考，可以感同身受地体会他人的难堪、苦恼，因此，在谈判过程中，我们希望得到他人的支持，希望别人能感受我们所感受的，最好的办法就是让对方站在自己的立场看待问题。这样，他就能真切感受我们所面对的难处，自然而然就会全力支持我们。

2. 重复对方回答中的某些话语

当我们提出问题之后，对方定会针对我们的提问做出一些回答，这时我们应该仔细倾听对方的回答，并适当重复这其中的某些话语，表达出自己的理解之情。这样，对方就能感觉到我们内心的真挚，自然会对我们产生好感。

用诚恳的态度回答，显示出自己的诚信

作为一名谈判者，不仅仅要通晓谈判的理论知识，还必须拥有娴熟的应答艺术。尤其是在谈判过程中，面对对方的提问，应用诚恳的态度回答，显示出自己的诚信。因为只有了解对方的思想动态才能够进行卓有成效的沟通。人与人之间关系的核心是坚信互相了解，能够提高知觉的精确性并促进沟通的效果。许多卓越谈判者大多主张与对方应运用坦率诚恳的沟通，尤其是面对对方所提出的问题，作为谈判者，应以诚恳的态度回答或帮助其解决问题，显示出作为自己应有的诚信。在日常谈判中，双方之间的沟通是不可避免的，这其中的沟通问题同样也是无可避免的，而诚恳、坦率是人际关系中的重要元素，同时，也是促进沟通渠道畅通的有效保证。在任何时候，态度诚恳都将是最受用的沟通方式。

美国前总统林肯曾说：“一滴蜂蜜要比一加仑胆汁吸引更多的苍蝇。人也是如此，如果你想赢得人心，首先就要让他相信你是他最真诚的朋友。那样，就会像一滴蜂蜜吸引住他的心，也就是一条坦然大道，通往他的理性彼岸。”用诚恳的态度回答他人的提问，以此打动人心，这本来就是最佳的沟通方式。

谈判实景：

松下幸之助是一个坦诚直率的人，因此他也希望员工同样有自主性，同样坦诚直率，从而在公司形成一种自由豁达的风气。

在松下的企业里，允许员工当面发表不同的意见和不满，并鼓励员工提问。松下公司员工必须遵守公司经营理念的要求，在此基础上，每一个员工都不必唯命是从，可以自由发挥自己的判断力，而不是采取消极的态度。松下说："员工不应该因为上级命令，就盲目附和，唯命是从。"

以前，松下电器的员工分为一、二、三、四等和候补四级。有一位迟迟未获升迁的候补员工对自己的境遇十分不满，所以就直截了当地对松下说："我已经在公司服务很久了，自认为对公司有了足够的贡献，早已具备了做三等员工的资格。可直到现在，我也没有接到升级令。是不是我的努力还不够？如果真是如此，我倒愿意多接受一些指导。其实，恐怕是公司忘了我的升级了吧？"松下态度诚恳地听完了下属的话，他当即表示："你说的情况，我马上会去调查，到时候，一定会给你圆满的答复。"他对此非常重视，责成人事部门调查处理，不久就给候补员工办理了升级手续。

松下从不限制员工越级提问题或提建议，即使普通员工，也可以直接向社长，而不是他的直接上级反映问题，表明主张。所以他提醒那些高层干部，要有这种心理准备，对此要有欢迎的姿态和支持的行动。松下认为，公司既然是大家一起经营的，就应该由大家来维护，无论哪一环出现波动，失去团结，都会影响到企业的正常运转。

在这里，松下作出了两个正确的决策，一是鼓励下属提问；二是诚恳的态度解决下属的问题。当面对一位自己的境遇十分不满的下属，松下虽然没能当面回答什么，但却以自己的实际行动回答了对方。如此的态度是无比诚恳的，也难怪，松下会成为世界知名的品牌，这跟领导者对下属诚恳态度是有密切关系的。

提问、回答实际上是一个交流的过程，面对对方的提问，谈判者应保持诚恳的态度回答问题。而态度诚恳主要包括以下几个方面。

谈判心理策略分析：

1. 用心倾听

学会倾听是成功交流的前提，我们必须弄清楚对方提出的问题，才能作出有效的回答。好的倾听者，不但是用耳倾听内容，更是用心听感情，正确的倾听态度才能达到最佳倾听效果的前提。在与对方的沟通过程中，认真倾听对方的问题不只是对对方的尊重，还可以体现出自己的修养。学会倾听是加强双方之间的沟通，促进形成良好的人际关系的有效途径。

2. 用心交流

在与对方进行语言交流的时候，我们要学会用心交流，在回答问题的时候，简洁明了、用心说话。在回答对方问题时要用情说话，不能公式化地回答，不与对方交流。一个会用心去和对方交流的谈判者，会向对方展现出问题之外的东西，诸如情商、诚信。

3. 不要彻底回答

在谈判过程中，回答问题时不要彻底回答，就是我们将问话的范围缩小，或只回答问题的某一部分。有时对方问话，全部回答不利于我们自己。比如，对方询问："你们对这个方案怎么看，同意吗？"这时，假如马上回答同意，那时间尚未对，我们可以回答说："我们正在考虑、推敲……"

回答有理有据，句句中肯

面对他人的提问，作为谈判者，应回答有理有据，句句中肯而不偏激。不管你遇到的是多么无聊的问题，还是多么让人气愤的问题，在回答的时候，都应遵循一定的理据，说话中肯，如此，才不会失了自己应有的身份与气度。当然，要想回答有道，则应做好准备工作。俗话说："凡事预则立，不预则废。"我们在回答提问之前应做好准备工作，这样，在正式回答问题的时候，才能应付自如、游刃有余，也才能做到有理有据、句句中肯不偏激。作为谈判者，有可能被问到任何问题，尤其是一些犀利的提问者，经常会问一些敏感、刁钻古怪的问题，如果没有做好充分的准备，那就会直接导致你在提问者面前张口结舌，场面会十分尴尬，进而会影响到自身的形象。

谈判实景：

王先生是一家企业的销售部经理。一天，下属小李来到办公室，对他说："我来公司三年了……您看，是不是应该酌情给我加薪呢？"王先生想了一会儿，说道："小李，我知道你从跑业务做起，时间已经不短了。你所做的工作报告中，我觉得你提到的那几点都很重要。但是现在的情况是，我们部门离第一次薪金评估还有很长时间，而我个人无法批准薪金评估报告。"

"另外，说实话，我觉得就你现在这份业绩表的内容来说，按照我们部门的薪金评估来说，这些数据的说服力还显得很不够。现在离年底的评估报告还有一段时间，你可以再努力努力，争取让你手上的那两个大客户跟我们公司签了合约。而且，我们公司最近推出的那个新产品，相信你肯定也能做出点业绩来的，你不妨尝试一下，这样，在年底评估的时候，你就可以有一份比较有说服力的报告给我，到那时，我一定会尽力为你争取加薪。"

面对下属提出的加薪请求，王经理巧妙地为他设定了一个比较实际而又有意义的工作目标，聪明而又不着痕迹地拒绝了他现阶段的加薪要求。在整个回答过程中，可以说是句句中肯，有理有据，并且清楚地向他表明，加薪要有客观的工作成绩，而他目前的工作成绩还不足以享受这个薪资待遇。更为重要的是，谈话将负面的拒绝转向为正面的激励，使加薪成为员工努力工作并取得更高成就的动力。

一般来说，我们在回答问题的步骤主要有五个步骤，那就是：预见问题，早做准备；倾听问题；确认对问题的理解；辨别问题的性质；认真回答问题。谈判者必须在这五个步骤中牢牢掌握自己的主动权，把握好每一步，才能够准备、巧妙地回答对方的问题。

谈判心理策略分析：

那么，在现实谈判中，我们该如何做到回答有理有据、句句中肯呢？

1. 保持清晰的思路

在面对提问之前，必须保证自己的思路清晰。因为只有在自己思路清晰、思维敏捷的情况下，才有可能对别人提出的问题进行及时、有效地回答。如果在提问之前，你的思绪还是一片混乱，那么当对方进行突然发问的时候，你就有可能一下子卡在那里了，这样就会造成十分难堪的局面，甚至有损你的领导形象。

2. 不要立即回答

对于一些问题，不一定要立即回答。尤其是对一些可能暴露自己意图、目的的话题，更需要小心谨慎。比如，对方问："你们准备开价多少？"假如时机未到，就不要立即回答，可以找一些借口转移话题，或所答非所问，如产品质量、交货期限等，等时间到了再抛出答案。

3. 不确切地回答

模棱两可、弹性较大的回答有时非常需要。很多谈判专家认为，谈判时针对问题的回答并非是最好的回答。我们在回答问题时要明白该说什么和不该说什么，而不必考虑所答的是否是准确的。比如对方问"你们打算购买多少"，假如考虑先说出订数不利于讲价，那么可以说："这要根据情况而定，看你们的优惠条件是什么？"

4. 以借口搪塞过去

在许多场合下，提问者会采取连珠炮的形式提问，这对回答者非常不利，尤其是当对方有所准备时，会诱使我们落入其圈套。所以，要尽可能使对方找不到继续追问的话题和借口。那我们在回答时，可以找一些客观理由，比如"我们交货延期，是因为铁路运输……许可证办理……"不过不用说自己公司方面可能出现的问题。

反问应答，将难题回击给对方

在谈判过程中，免不了会遇到别人提出的一些问题。而不是所有的问题这些不友好的问题，有的问题没有必要回答，而这时候就需要拒绝回答问题。但是很多人都有这样的体会，别人对你提出了某个问题，出于理智的考虑应该拒绝，但是出于某种交际的缘故，直接拒绝又会破坏彼此之间的愉快气氛，而且也有损自己的形象。不可否认，我们不希望因为拒绝回答问题而使交谈陷入困境，使对方感到不快。但是，在很多时候，直截了当地拒绝对方的问题，效果不佳。因此，我们有必要学习运用一些正确而巧妙的拒绝方法，既达到不回答问题的目的，又不使对方感到难堪。这时候，不妨巧用反问，将难题返还给对方，将自己解脱出来。

谈判实景：

徐稚是南昌人，他11岁的时候与太原的郭林宗一起游学。有一次，他们一起回家，看见郭林宗家里有一棵树，郭林宗想将这棵树砍了，他说："宅中有树，犹如口中有木，成了不吉利的'困'字，所以，想把这棵树砍掉。"当时，只有11岁的徐稚回答说："如果宅中不能有树的话，那么宅中也不能有人，因为口中有木成了'困'字，口中有人成为了'囚'字。如果说'困'字不详，那么'囚'字又有什么不同呢？"问得郭林宗无言以对。

在上面这个案例中，徐稚所反驳的是郭林宗话语中的观点，只有11岁的徐稚通过一个反问就将郭林宗的观点给反驳了。另外，在日常交际中，领导者有可能遇到一些咄咄逼人的提问，或许问题是属于机密不能泄露，或者此问题太敏感以至于无法作出正面回答。那么，如何巧妙地避开这些话题，又能让自己成功地解脱尴尬境地呢？这时候，不妨巧用反问，通过这个巧妙的办法，你可以原封不动地将这个难题抛给对方。

反问则是不需要回答的问题，答案就在问话之中，就是对问话的否定。当自己不能回答出对方所提出的问题，使整个话题陷入了窘迫的境地，这时，应该采取反驳式的回问，将难堪的问题抛给对方，自己则能成功地从难堪境地中解脱出来。一般而言，反问有三种情况：一是回击对方的刁难、攻击自己的话语；二是反驳对方的人品；三是反驳对方话语中所提出来的建议。其目的在于，帮助自己摆脱顺利尴尬，同时，巧妙地将难题返还给对方。

有时候，当对方提出一些涉及秘密的话题时，我们可以先顺着话题提出一些条件性的问题，诱导对方落入圈套，再提出反驳的问句，最终，他也会否定了自己的问题。面对别人所提出敏感话题，也可以选择巧妙闪避，绕开实质性的话题，这样，我们就能轻松地避开那些敏感的或者是不想回答的问题。

其实，反问是用疑问的形式来表达所确定的内容。运用反问能够增强语势，把原来肯定的意思表达得更鲜明，不容置疑，这样的表达方式比正面更能产生力量。反问把答案寓于问句之中，而它所表达的思想内容与句子的表面意思相反：如果语句表面意思是肯定的，那么思想内容则是否定的；反之亦然。

谈判心理策略分析：

1. 将问题原封不动地抛给对方

有时候，对方会问一些不知道该如何回答的问题，这时候，如果领导者真的不知道该如何回答，就不妨将这个问题原封不动地还给对方。比如，对方会问："听说你们公司即将倒闭了，这是真的吗？"这时，你不妨反问："我不清楚这件事情，你知道吗？我还希望你能给我说说呢。"一下子就将对方说得哑口无言。

2. 打"太极"

如果对方想问的是某些关于自己的隐私问题，不妨打打太极，故意模糊对方的问题，转移话题。比如，对方会问"你一年的收入大概是多少"，你可以模糊回答"如果我想去全国旅游，应该是没有问题"，至于这趟旅游的花费到底是多少，你不知道，他更无法知道了。

3. 诱导对方自己否定自己

有时候，对方会提出一个不可思议的问题，而你又不知道该如何回答他，这时，不妨诱导对方自己否定自己。比如，拿破仑曾对自己的秘书说"布里昂，你知道吗？你也将永垂不朽了"，秘书不理解，拿破仑说"你不是我的秘书吗"，布里昂明白了，笑着反问"请问，亚历山大的秘书是谁"，如此一个反问，使得拿破仑否定了自己之前的论断。

回答不必全面，点到为止即可

沈嘉禄曾经说：“不经意的修饰如果点到为止常常有出奇制胜的收获；刻意的追求一旦过度则难免弄巧成拙。”在日常谈判中，面对对方的提问，我们不需要长篇大论地阐述问题，在很多时候，回答不必全面，只需要点到为止即可，这样才能让对方感到醍醐灌顶。虽然，面对对方的提问，我们偶尔需要坚守“有问必答”的原则，但并不是说只要是对方提出的回答，你需要全面地回答，把什么问题都说清楚。作为谈判者，在回答问题的时候，应该给对方留一定的思考空间，针对问题说到几个关键处，其余的部分应留给对方自己去想。

针对对方的心理需求，我们更应该明白回答应点到为止，说话留三分，让对方自己去想明白，这会让他感受一种醍醐灌顶的畅快，从而，他对你应有的智慧及能力绝对是敬佩的。因此，在回答对方问题的时候，千万不要想到哪里说到哪里，更不能信口开河，一开口就像是打开了话匣子，没完没了。明明是三两句就能说明白的时候，却固执地要说上一个小时，这样，只会让对方觉得厌烦，而且，他也会质疑你作为谈判者的能力以及口才。

谈判实景一：

在澳大利亚西澳大利亚州首府珀斯与中澳学生座谈时，在场的20多名中澳学生中，来自西澳大学、伊迪斯科文大学的3名中澳学生成为现场提问的“幸运儿”：“中国政府对留学回国人员有没有优惠政策？澳大利亚人应当怎么看待中国文化？要加强两国之间的了解，应当做怎样的努力？”

面对提问，领导回答说：“对留学人员我们的立场是：支持留学、鼓励回国、来去自由。但希望你们记住，你们都有两个母亲：生你的母亲和祖国母亲。中国是古而又新的国家，澳大利亚是新而又兴的国家。两国历史、文化、地理条件不同，但我们都酷爱和平、热爱生活。我们可以和而不同，共生共长而不强求一律。可以彼此相互学习，相互借鉴，和谐地生活在这个地球上。”

面对中澳学生提问“中国政府对留学回国人员有没有优惠政策？”“澳大利亚人应当怎么看待中国文化？”“要加强两国之间的了解，应当做怎样的努力？”领导只简单回答了几句，并没有明确回答学生“该怎么做”，而是将该说的道理说清楚，至于真正地答案还在于学生自己去想，这就是回答的高明之处。

对于对方的问题，并不是回答得越清楚越好，而是越简短越高明。在电视中，我们经常看见寺庙里的高僧只不过说了几个字，但听者却一直说“真让我有种醍醐灌顶的感觉”。本身，醍醐灌顶就是指听了高明的意见，使人深受启发。所以，作为领导者，应该深知其中的道理，对于很普通的问题，三言两语就点破，其余的留给对方自己去想，这样，才能彰显出你作为谈判者的风采与魅力。

谈判实景二：

最近，部门里的员工老是追着询问张经理关于人事调动的问题，这不，小王又去办公室了，向张经理问道：“这次人事变动到底会怎么样呢？”张经理回答说：“小时候，我曾经去拜访过一个农夫，我问这个农夫：‘你的母牛是不是纯种的?’他说不知道，我又问：‘这头牛每个星期可以挤出多少牛奶呢?’他也说不知道。最后，他被问烦了，就说：‘你问我的我都不知道，反正这头牛很老实，只要有奶，它都会给你。’”说着，张经理笑了，对小王说：“我也像那头牛一样老实。”小王摸摸自己的额头，明白了，原来经理是想告诉自己，有什么新的变动，他会主动告诉自己的。

面对下属的提问，张经理没有正面回答，而是讲了一个故事，就将问题丢给了下属。原来，他想告诉下属：你们没事就别紧追着我问，反正我有消息一定会给你们的嘛！如此点到为止，既得体地表达自己被下属紧紧追问的反感，又照顾到了下属的面子，为上下级沟通营造了良好的氛围。

谈判心理策略分析：

1. 寥寥数语，点破即可

对某些问题，对方可能难以明白，这时我们不要事事俱细，更不能像保姆一样大包大揽，什么事情都说得明明白白。你把什么都说破了，那对方还用思考吗？所以，面对对方所提出的问题，只需寥寥数语，点破就可以了。

2. 点到为止，才是高明之说

说得越说，自己的信息就暴露得越多，在回答对方问题的时候，只需点到为止即可，这才是高明之说，不宜太全面，这样反而显得自己并不高明。同时，如果你说得越多，解释得越清楚，反而会给对方一种找不着北的感觉，又或者，万一你说错了怎么办。所以，凡事点到为止，这才是高明之说。

巧妙拒绝不需要回答的问题

一般来说，好的拒绝应表现为拒绝对方的问题，但不要拒绝对方的人。这就是说，应该明确无误地拒绝对方提出的问题，使对方明白自己所提出的问题被拒绝了，但是要委婉妥当地善待对方的情感、理解。比如，在拒绝了别人提出的问题之后，你可以再表述自己的同情、理解或歉意。有的谈判者在拒绝回答对方提问的时候，由于担心伤害到对方的感情，结果讲话吞吞吐吐、躲躲闪闪，让人不明白自己的问题到底是被拒绝了，还是没有被拒绝。这种很模糊的答案一般不可取，有时候还可能给自己惹麻烦。

谈判心理策略分析：

当然，拒绝回答别人问题的方法很多，下面我们简单地介绍一下：

1. 顺势诱导

有时候，面对一些你不想回答的问题，你可以顺势诱导，巧妙地拒绝对方。

罗斯福当美国总统前，曾在海军担任要职。一天，一位朋友问起海军在加勒比海一个小岛建立潜艇基地的计划。

罗斯福向四周看了看，压低声音问："你能保密吗？"

"当然能。"

罗斯福笑着说："你能我也能。"

罗斯福先是顺势诱导，再进行巧妙地拒绝，他明确地表明了不想回答这个问题，不想把秘密告诉那位朋友。

2. 肯定、否定并用

有时候对方所提出的问题有一定的合理性，但由于某些原因又无法予以回答。此时你可以用肯否并用的方法，先肯定对方问题的合理性，然后再进行拒绝其提出的问题。这种方法的语言表达形式经常是转折关系的复句或句群。

一位下属向李主任说："我来当你的助手该是可以的吧，你看我能够胜任么？"事实上，李主任现在并不需要助手，但是他也不能打击下属的积极性和自信心。

于是，李主任笑着说："你的确很优秀，是个人才。只是目前我不缺助手，真是对不起。"

李主任先肯定了下属的能力，赞扬了下属的工作成绩，然后再进行有效地拒绝，不正面回答"是否胜任助手"这个问题。

3. 重复已知

有时候，谈判者面对别人提出的问题，你不想回答，就可以采用重复已知信息的方法进行拒绝。

《世说新语》里有这样一个故事：大将军钟会慕名去拜访名士嵇康，嵇康自顾打铁，不理睬钟会。钟会站在一旁看了一会就走了。见钟会要走，嵇康就问："何所闻而来，何所见而去？"钟会答曰："闻所闻而来，见所见而去。”

钟会的回答重复了嵇康问题中隐含了的信息，这就是一种有礼貌的、委婉的拒绝。比如有的领导者在碰到别人问道：“昨天你到市长家里干什么？”你可以顺势回答：“我去有点事。”

4. 沉默而微笑拒绝

有时候，谈判者在面对一些不必问答的问题时，你可以适时地沉默拒绝，但是千万不要板着一张冷冰冰的脸，而是微笑地看着对方。用你的无声语言告诉对方，这个问题不想回答，也没有必要回答。

但是哪些问题是需要回答的呢？大致来说，就是那些关系企业内部机密的问题；那些无关紧要的小问题；还有就是谈判者自身的私人问题。谈判者在面对他人提出的那些不需要回答的问题，你可以用巧妙地方法进行拒绝。

回答不友好问题的诀窍

在日常谈判中，我们有时候会面对他人提出的一些不友好的问题，而如何来回答这些比较棘手的话题，是非常具有技巧性的。但是，最重要的一点就是我们在面对这些不友好的问题时，需要保持平和的心态。如果你愈是愤怒，就愈增加提问者的嚣张气焰。最佳的办法，就是心平气和，冷静地思考如何巧妙地回答他们的问题。

谈判心理策略分析：

下面我们简单地介绍一下回答不友好问题的技巧。

1. 答非所问，避开锋芒

有时候，对方所提的问题异常尖锐，而你作为谈判者的身份又不可能直接当面拒绝回答。为了显示自己的形象，你可以针对对方的问题答非所问，避开其锋芒，从问题本身入手，巧妙地抛出答案。

2. 故意曲解，有效地转换话题

我们在面对那些不友好的问题，你可以不从正面回答，而是有效地转换话题。换句话说，就是绕开对方原本提出的问题，而谈论另外一个你想谈论的问题。当然，这需要灵巧的方法。比如你可以对对方的无理提问进行故意的歪曲理解，从而有效地转换到另一个话题上去。

一次，英国首相威尔森在竞选演说进行到一半时，突然底下响起了一个反对者的喊声："狗屎！垃圾！"很明显，他是在讥讽威尔森的演说。对此，威尔森微微一笑，平静地说："这位先生，我马上就要谈到您提出的脏乱问题了。"

威尔森的做法可谓是机智过人。他运用了故意曲解话题的方法，有效地将话题转换，既让讥讽者哑口无言，竞选演说顺利进行，又在选民面前展示了自己的机智善变。

3. 运用逻辑

有时候，我们在面对那些不友好的问题，你可以运用语言逻辑进行有力地回击。

著名诗人马雅可夫斯基（简称：马）是一位善于应对的演讲家。请看他在一次演讲大会上是如何应对的：

反对者："您讲的笑话我不懂！"

马："您莫非是长颈鹿？只有长颈鹿才可能星期一浸湿的脚，到星期六才能感觉到呢！"

反对者："我应当提醒你，马雅可夫斯基，从伟大到可笑，只有一步之差！"

马（用手指着自己和那个人）："不错，从伟大到可笑，只有一步之差。"

反对者递上一张条子，上面写道："马雅可夫斯基，您今天晚上得了多少钱啊？"

马："这与您有何干？您反正是分文不掏的，我还不打算与任何人分呢。"

反对者："您的诗太骇人听闻了，这些诗是短命的，明天就会完蛋，您本人也会被忘却，您不会成为不朽的人。"

马："请您过一百年再来，到那时我们再谈吧！"

马雅可夫斯基将错就错，用反问给予辛辣的讽刺。当反对者讽刺的提问，马雅可夫斯基便以其人之道，还治其人之身，用同样的战术——偷梁换柱予以回击，使反对者一个个败下阵来。这样语言的反击不仅极具幽默感，而且具有高妙的逻辑战术。

中篇　谈判交锋阶段

在谈判中，交锋阶段指的是谈判双方在原先报价的基础上进行讨价还价的行为过程。这个阶段是商务谈判的核心环节，磋商的过程及其结果将直接关系到谈判的双方所获利益的大小，决定着双方各自需要的满足程度。

第07章

先发制人，后发制于人——掌控的策略

在谈判中，我们要学会先发制人，一开始就要把握主动权，这样才有可能赢得谈判最后的胜利。先发制人策略，原来是出自三十六计中的一个计策，原来指的是在战争中的双方，先采取行动的往往处于主动地位，可以制服对方。

自信气势，以你的气场震撼对手

爱默生曾说："自信是成功的第一秘诀，谁相信自己的能力，谁就能征服世界。如果做一件连自己都担心不能成功的事，那么失败的结局在所难免。"在这个世界，除了你自己以外没有人能欺骗你，没有人能阻止你最终走向成功，这就是自信的力量。自信的心理暗示，往往能够传递给他人以力量。对此，自信不仅仅是一个人走向成功的第一秘诀，更是征服人心的利器。

谈判实景：

在一次面试中，人事部经理看到了这样一个女孩，当他问道："你只不过是一个专科生，怎么会到我们这样的大企业来面试呢？"那女孩一点也不胆怯，而是自信地说："我相信机会都是自己争取而来的，而我对自己很有自信。"经理看了看那张年轻的笑脸，嘴里竟说不出拒绝的字眼，他继续问道："可是，你所学的专业是计算机，而我们所需要的是销售人员，如此截然不同的两个专业，你怎么能保证你能胜任这份工作呢？"女孩坦率地说："虽然计算机和销售是两个不同的专业，但是，学计算机的也需要与人打交道，而这恰恰是销售人员所需要的能力。而且，我从来不否认自己在与人沟通这方面有过人的能力。"

经理笑了，这个女孩也太有自信了。经理有些挑衅地问道："可是，你的自信来自于哪里呢？"女孩微笑着说："我的自信跟你的自信一样，你能坐在这里面试我，我的自信来源于我知道自己能做什么，不能做什么。"就这样，经理当即决定了录用这位女孩，后来，他在工作中对那女孩说："虽然你的学历并不是最好的，但你的回答却是我最满意的，你的自信传递给我无限的力量，我相信，一个自信的人是有足够的能力去干一些事情的。"

谈判心理策略分析：

虽然，自己在各方面的条件都不如一起前来面试的人，但是，女孩的自信却是无人可比的，而恰恰是这份自信打动了经理，也使她自己获得了那份工作。在生活中，那些对自己充满自信的人，他们身上有着一种非凡的魅力：神采奕奕，精神百倍，任何时候都给人一种活力四射的印象。如此的风采魅力，能传递给他人以力量，使他们开始相信自己，当然，这样能够很好地打动他人，从而赢得他人的好感。

1. 不要看轻自己

有人总是叹息自己工作不如别人，外貌不够出众，才能不被老板所赏识。其实，有时候，仅仅是因为我们对自己缺乏自信，无法传递力量给他们，而致使他人对我们失去了信心。

2. 学会欣赏自己

有这样一句话："人活着，或许有不少人值得欣赏，但你最应该欣赏的应该是你自己。"当你对自己充满自信的时候，别人的眼光也会被你吸引，在不知不觉间，对你产生莫名的好感；相反，一个内心充满自卑的人，在他身上所显现出来的是颓废、迷茫，毫无形象魅力，自然也就没有办法获得他人的好感。自信产生的巨大力量推动着自己走向成功，与此同时，自信也能够很好地打动他人，从而赢得他人的好感，如此一来，谈判自然会成功了。

合理使用手势，彰显非语言的力量

在日常谈判中，一个人在与人交谈的时候，面无表情、没有动作是不可能的，尤其是当一个人对自己有些不自信的时候，他们的手部往往会情不自禁地做出一些泄密的小动作。通过现代科学研究表明，手是人体中触觉最敏感、肢体动作最多的部位。那么，我们完全可以通过观察一个人说话时的手势动作，以此来捕捉对方内心潜藏的信息。而且，手势也是可以展露一个人内在信心的，那可以称为“自信的手势”。如果一个人对自己充满了自信，那么，他的这种心理会通过手势表现出来，达到彰显自我的目的；相反，若是对自己缺乏应有的自信，这样的心理也会在手势中展露无遗。

谈判实景：

没有来得及找好下家就辞职的小王，这段时间正忙着赶场面试。这天下午，他接到了两个面试通知，都是他比较喜欢的工作。于是，他把一家公司的面试安排在上午，而另一个安排在下午，中午还能吃个饭休息休息。

可是，等到面试那天，小王却破天荒地睡过了头，起来的时候已经九点半了。他急忙洗漱，整理面试资料，等赶到公司已经是十点半了。他刚气喘吁吁地坐下，经理就走了进来，没说两句，公司副总也走了过来，想看看这里的面试情况。

顿时，小王的紧张一下子就到了顶点，在介绍自己工作经验时不自觉地摸自己的鼻子，尽管他并没有感冒，也没觉得自己鼻子有多痒。副总脸上露出了不耐烦的表情，小王心更慌乱了，本来自己昨天还做了准备工作的，可是，一紧张什么都忘记了。一会儿，副总就出去了，剩下的面试官问了几个无关痛痒的问题，就匆匆结束了面试。小王明白，这次的面试完全让自己搞砸了。

谈判心理策略分析：

一个人在说话的时候摸鼻子，给人的第一印象就是不太自信，而小王正是因为这个小小的动作而失去了一份好的工作。如果小王手心向上，两手向前伸出放在腿上，手的位置基本上与腹部等高，这样的姿势就给面试官一种坦诚，并使对方觉得你充满着热情与自信。当然，在面对他人的时候，手势不能自信过头，以至于让人感觉容易受到攻击。比如，将双手握得太紧，手指交叉，这就会给人握紧拳头想要打人的感觉。

在与他人的相处过程中，如果你希望你所说的话被对方所接受，那么，就应该在心里树立信心，不要妄自菲薄。如此一来，你的身体语言就会像你的说话一样令人信服。通常情况下，我们在进行语言表达的时候，为了辅助语言的表达效果，会适当的增加身体语言，在这时，彰显自我的手势恰好能起到辅助语言表达的效果。所以，在说话的时候，要常用这样的手势，以此彰显自我。

那么，哪些才能算是彰显自我的手势呢？

1. “寻求信心”的姿势

通常情况下，一个女人常见的“寻求信心”的姿态是：把手缓慢而优雅地搁在喉咙上，当然，如果对方戴了项链，那这样的手势就会被掩盖住了。另外，还有一种“寻求信心”的姿势是紧捏自己的手掌部分，这样的手势传达出一个人因焦虑等原因而出现信心不足的情况。

2. 塔尖式手势

塔尖式手势就是指将双臂放在桌面上，十指对应相抵，与拜佛的手势极为相似，但掌心是分开的。心理学家认为，那些自信的人经常会用到这样的手势，以显示自己的高傲情绪。有时候，上级对下级，也会出现这样的手势，所向下级传递的信息是“情况早在我的意料之中”。另外，这一手势在从事会计、律师等行业人身上，也使用得比较普遍。

塔尖式姿势有公开与隐藏这两种形式，女性的塔尖式动作是隐蔽性的典型，她们坐着时会把手搁在膝盖上，在站着时将合着的手轻放在及腰的位置。研究专家发现，那些自视愈高的人，塔尖式的位置也就愈高。有时候，甚至会出现齐眉的动作，这样一来就像是从手缝中看人。

3. 热情而自信的手势

当我们向人们解释某些问题的时候，让你的一只手自然地放在一起，或采用手心向上的动作，这样的手势显得热情而自信。如果你对自己所说的话有很大的把握，可以先将一只手掌心向下向前伸，然后从左向右做一个大的环绕动作，就像你能用手覆盖住要表达的主题一样，这样说明一切尽在你的掌握之中。

出其不意，不按常理出牌

《孙子·计篇》："攻其不备，出其不意。"意思是趁对方没有意料到就采取行动，也就是出乎于别人的意料之外。在实际谈判中，我们也可以利用这一招计谋，以出乎于对方意料之外的言语制服对方。"出其不意"也就是不按照正常的逻辑出牌，有可能是借题发挥，有可能是顺势引导，从而说出一些在对方预想之外的言辞，令对方无法招架，这样所产生的效果是顺利地摆脱了对方的言语限制。通常在谈判中，如果按照正常的逻辑思维，当自己论述了一个观点，我们可以预想对方有可能会出现什么样的言辞。而出其不意完全跳出了这个圈子，那些话语完全是对方所想不到的，也因为如此，正好打他个措手不及，最终我们将成功地占据上风。

谈判实景一：

有位演讲家在演讲结束时，台下有一名学生突然连珠炮似的向他发问。

学生：先生，您今天是第一次演讲失败吗？

演讲家：那当然是第一次啦。噢，你们当学生的怎么总爱问这个问题？

学生：演讲时，您觉得什么样的字音最容易说错？

演讲家：错。

学生：您演讲开始时，从来不说的是什么？

演讲家：结尾。

回答了学生的问题后，演讲家也来个出其不意，反戈一击。

演讲家：我方才讲的冷缩热胀的道理你懂了吗？

学生：懂了，先生。冬天白天短——冷缩；夏天白天长——热胀。

这时，台下出现了哄堂大笑，这位发问的学生才知道说错和失败的是自己，不禁羞红了脸。

有时面对对方攻击性的语言，你可以顺势引导，先回答对方的提问，然后进行反戈一击，出其不意地打倒对方的气焰。在案例中，演讲家面对学生的发难并没有生气，而是思路清晰地回答了他的恶意提问。但是当他回答完了，他也来个出其不意，反戈一击，使学生意识到说错和失败的原来是自己。

谈判实景二：

古希腊诡辩家讲过这样一则寓言：

有一位埃及妇女看到自己在尼罗河畔玩耍的孩子被鳄鱼抓住，就请求鳄鱼把孩子归还给她。鳄鱼当着众人说："如果你猜对我的心思，我就把孩子归还给你。"妇女说："我猜你不想把孩子还给我。"鳄鱼说："如果你猜得对，则根据你说话的内容，我不把孩子归还给你。如果你猜得不对，则根据约定的条件，我不把孩子归还给你。你或者猜得对，或者猜不对，所以我都不会把孩子归还给你。"

听了这样的话，妇女灵机一动，说："如果我猜得对，则根据约定的条件，你应把孩子归还于我。如果我猜得不对，则根据我说话的内容，你应把孩子归还于我。我或者猜得对，或猜得不对。所以你都应把孩子归还给我。"

鳄鱼本来想用一个不符合逻辑的推理来为难妇女，可没想到妇女也用了一个相反的同样不符合逻辑的推理来反驳鳄鱼，出其不意，这样的反驳方式实在是巧妙极了。

谈判心理策略分析：

那在实际谈判中，如何才能使出"出其不意"这一招呢？

1. 借题发挥

在谈判中，当我们受到对方的攻击时，可以不直接从正面回答，而是通过借助对方提供的话题进行还击，出其不意，从而改变谈判的局势。这种方式的最重要在于"借"，能否借对方的话题为己所用，当然，这也取决于我们的辩论经验和思辨能力。

2. 巧观对方岔开话题

在谈判中一旦发现对方岔开话题，不需要打断，应让他继续说下去。如果对方是一时不小心而为之，那估计对方说不了多久，就会自己发觉而显露窘态；如果对方是想到了另外一件事，那他一旦察觉会回到原来的话题之上；如果对方是有意岔开话题，那可能会继续这个话题说下去。

观察对方是出于哪种情况，如果是前两种情况，那你应适时顺应对方，让对方将话题越扯越远，给对方出其不意地一击；如果是后者，那则需要及时地返回原来的话题，出其不意地反驳其有意岔开话题的居心。

巧用激将法，迫使对方让步

通常一个人的行为不仅仅受理智的支配，同时也受感情的驱使。在谈判过程中，我们可以妙用激将法，用话语促使对方放弃理智，凭着一时的感情冲动去作出一些决策或决定。假如我们想达到一定的谈判目标，而谈判对手又是一个心烦气躁的人，这时用激将法是最合适不过了。用语言激怒对方，刺激对方的自尊心和虚荣心，使其理智程度降到最低限，从而实现我方的谈判目标。比如“不是我小看贵公司，估计压根就拿不出足够的资金来购买咱们的产品，我即便是再降价，你也只是说说而已”，任何一个谈判者听了这样的话都会怒火攻心，在这样的情况下，他们很容易就会为了证明自己的能力而做出不利于自己的决策。当然，我们也就能顺利达到自己的目的了。

谈判实景：

某橡胶厂有价值200万元的进口的现代化生产设备，但由于原料与技术力量跟不上，搁置了4年都没有使用。后来，新任的厂长决定将这套设备转卖给另外一家橡胶厂。在正式谈判之前，该厂了解到对方经济实力雄厚，但基本上都已经投入了生产，如果要马上拿出200万元来添置设备，有很大的困难。还有就是对方厂长年轻好胜，从来不甘示弱，经常以拿破仑自诩。了解到这样一些情况后，橡胶厂派了张小姐作为谈判代表前去洽谈。

谈判桌上，张小姐说："昨天在贵厂转了一整天，详细地了解贵厂的生产情况。你们的管理水平确实令人信服，您年轻有为，能力非凡，真让人钦佩。"那位厂长谦虚地回答："哪里哪里，我向小姐致意，还希望得到小姐指教。"张小姐回答说："我向来不会奉承，实事求是是我的本性，贵厂今天办得好，我就说好；明天办得不好，就会说不好。"

那位厂长说到了设备的事情："小姐对我厂设备的印象如何？不是说把一套现代化设备卖给我们吗？"张小姐回答说："贵厂现有生产设备，在国内看，是可以的，至少三五年内不会有什么大的问题。关于转卖设备的事情，只有两个疑问：第一，我怀疑贵厂是否真有经济实力购买这样的设备；第二，我被聘用管理贵公司和你的这个装置工作值得怀疑。"

对方厂长听到这些，觉得受到了轻视，十分不高兴，他炫耀地介绍了自己橡胶厂的实力，当即答应买下那价值200万元的设备。最终，张小姐成功地将"休息"了4年之久的设备转卖给了那位厂长。

在现代谈判中，运用激将法赢得谈判成功的例子有许多。每个人都有自尊心，他们最讨厌的就是自己的自尊心被轻视的情况。在谈判中，如果直截了当地给他以贬低、刺痛之，激怒之，"冷水"浇头，就能够促使其丧失理智，而作出有利于我方的决定。

谈判心理策略分析：

1. 因人而异

当然，运用激将法需要因人而异，也就是搞清楚谈判对手的性格脾气、思想感情和心理。对于那些富于理智的明白人，则不应该使用这种方法；对那些自卑感强、谨小慎微以及性格内向的人，也不应该使用这种方法，这样只会让他们丧失信心，甚至愤怒。

2. 拿捏好一定的“火候”

在谈判中使用激将法，还需要掌握好刺激的火候。如果火候太过，会给谈判对手造成一定的压力，使对手产生逆反的心理，可能他们还会坚持自己的观点；若是火候不够，不疼不痒，则难以达到刺激的目的。

试探性摸底，了解对方真实意图

在这个商业社会时代，我们时时刻刻都面临着形形色色的谈判。古人云：“天外有天，山外有山。”在现代谈判中，强中自有强中手。谈判，打的就是一场心理战。等到真正的谈判开始，就进入心理角力战。任何一个谈判者都不愿充当傻瓜，双方获胜谈判的出发点是在绝对不损害他人利益的基础上，取得自己的利益。为此，对手往往会隐瞒自己的真实意图和需求以求占据有力的谈判地位。而我们若要顺利达到自己的目标，就得掌握奥妙的人性心理，并通过语言成功操纵对方的心理。这里，如果你懂得旁敲侧击、打探对手需求与意图的话，那么，才能在谈判过程中有的放矢。

在谈判中，隐晦、形象的试探语言，往往能有效地活跃谈判气氛，使谈判轻松、愉快，并逐步向有利的方向发展。那么，我们该如何运用这种试探性的谈判技巧呢?

谈判心理策略分析：

1. 唱反调

元·李文蔚《张子房圯桥进履》第三折记载：“将计就计，不好则说是好！”谈判中，利益唱反调，可以顺利帮助我们挖掘出对方的真实意图，可以混淆对方的视听，让他们作出错误的决定，让对方放松戒备心，这对于我们达到目的是大有帮助的。对此，我们可以“大张旗鼓”地表达我们的意图。

2. 保持镇静

一些初涉谈判桌的谈判者在旁敲侧击的过程中，往往在遇到一些突发状况的时候，不知所措。这样，反倒被对方抓住破绽。因为谈判桌上的任何攻心术的前提都是隐藏自己的真实想法。正因为我们已经知晓了对方的计策，知己知彼就能百战不殆，抱着这样的心理，我们更没必要紧张与不安，而更应冷静地审时度势，不要被对方的某些计策所愚弄。

3. 误导式提问

有人说：当我们在第一时间接受某一信息并即刻做出决策时，思维往往会被这一信息所固定。聪明的谈判者总是预先埋下伏笔，让对方不知不觉中失误陷入语言的陷阱。一般来说，面对问题，人们都会回答。而如何使对手回答出我们希望得到的答案，就体现出了我们的提问水平。

可能生活中，你都有这样的经历，当你进入一家饭店，饭店服务员会立即走上前去为你推荐特色菜。“您今天是要一份海鲜还是两份？”你会立即回答“一份”或者“两份”。而如果你回答“您要不来点我们这儿的清蒸鲍鱼”，你的回答可能并不会令对方满意。

4. 事后协商

每个商谈都有两种交换意见的方式，一个是在会上，也就是以正面谈判的方式，另外一个则是在场外，以间接的方法与对方互通消息。要知道，并不一定每一件事情都要在会议桌上提出来。

谈判过程中，假如对方拒绝非正式提出的条件，我们可以采用会后协商的方法。这样，双方都不会有失掉面子的忧虑。这种间接的沟通方式，可以帮助谈判者和公司在不碍情面的情形下，悄悄地放弃原先的目标，而某些偏差了的目标也可以借由半正式或非正式的沟通方式加以修正。

5. 留一点时间给对方

若希望这种旁敲侧击的语言试探法起到一定的效用，就要在己方发言之后，留给对手一个短暂的回味时间，对手才能体会到你的话语和谜底之间微妙的联系。因此，在谈判中我们不但要自己善于运用这种语言技巧，而且还要善于让对手领悟你的话中含义。

借用你的神态语言抓住对方的心

在日常谈判中，一次再简单不过的沟通都会包括语言与非语言两个部分，其中神态就是属于非语言部分。当然，也有不少人认为沟通的方式有三种：语言、文字、神态，按其重要性依次排为：神态、语言、文字。这主要是因为神态完全由你的心态控制，正所谓“相由心生”，说的就是这个道理。大多数人会把忧虑感、紧迫感、厌恶等统统写在脸上，不过，也有一些人不会把自己的喜怒哀乐表现在脸上。所以，我们在谈判中，要善于利用神态语言来向对方传递自己的想法，从而达到打动人心的目的。

在谈判中，神态语言是作为传情达意的一种重要沟通方式，它指的是通过眼神、动作、面部表情等来表达内心思想的一种非语言形式。神态语言不仅仅彰显着自己的喜恶，更为重要的是，通过自己一颦一蹙的变化展现自己的内心世界。在现实生活中，不同性格、身份、经历的人，他们会有各种不同的神态。即使在同一事件中，相同的情况下，神态也是各不相同的。而且，单纯的神态语言并不能完成一次沟通，它必须根据事件、环境、心境的状态才能恰如其分地表现出来。

谈判实景：

《红楼梦》里，湘云给袭人带来绛纹戒指，黛玉笑她在“前日”没有让人把袭人的一同带来，“是个糊涂人”。湘云作了一番分辩。这时，宝玉、黛玉、宝钗等几个人都笑了。宝玉笑道：“还是这么会说话，不让人。”黛玉听了，冷笑道：“她不会说话，就配带‘金麒麟’了！”一面说，便起身走了。幸而诸人都不曾听见，只有宝钗抿着嘴儿一笑。宝玉听见了，倒自己后悔又说错了话；忽见宝钗一笑，由不得也一笑。宝钗见宝玉笑了，忙起身走开，找了黛玉说笑去。

虽然大家都在笑，但却由于每个人的心理不一样，最后他们所表现出来的“笑”这个神态语言也是千差万别。宝玉笑得很亲热，给人一种亲切的感觉，因为他习惯了与湘云开玩笑；黛玉的笑是妒忌的“笑”，她担心宝玉会因为金麒麟与自己生隙，顿生妒忌之情，而且这样的心理影响到了宝玉，“宝玉听见了，倒后悔自己又说错了话”；宝钗则是幸灾乐祸的“笑”，后来宝玉见宝钗笑了，也自我解嘲地“笑”了。宝钗见宝玉笑了，却又忙着走开，找黛玉“说笑”了，这里的“笑”是为了掩饰自己与宝玉的相视而笑。

从心理学上说，每个人的神态都反映着其相对的心理状态。比如，一个身体健康、心情愉悦的人，他的神态表现为红光满面、神采奕奕；相反，苦恼忧愁的人通常会愁云密布、眉头紧锁。其实，面相即为心相，一个人所自然表现出来的神态就是其心理，而且，人们还习惯于利用神态语言来使对方理解自己的用意。

谈判心理策略分析：

当我们表达内心思想情感的时候，可以使用较多的神态语言。在其中，我们需要记住的是：神态语言在表达时要准确、清楚。至少能给对方一个大的方向，否则对方也会摸不着头脑，不知道你所表达的真正用意是什么。自然，他的心门也不会为你打开了。那么，在实际谈判中，我们该如何利用神态语言打动人心呢？

1. “你说的话题我很感兴趣”

在双方的沟通过程中，作为倾听者可以通过一定的神态语言表示“你说的话题我很感兴趣”。身体前倾，以头部动作和丰富的面部表情回应说话者，比如点头表示“你说的对”；微笑表示“赞同、认同你所说的一切”；惊讶的表情表示“出乎意料”。当然，在整个倾听过程中，需要保持全神贯注的神态。这样，表现出你对其说话十分感兴趣，对方也是很容易被你打动的。

2. “我很有礼貌”、“我是一个彬彬有礼的人”

谈话过程中，眼睛适当地注视对方，这是一种尊重，说“我爱你”时眼神含情脉脉地望着对方；随时保持微笑，可以胜过千言万语，以优雅而迷人的神态打动对方。

3. “我很在意你的想法”

青年男女在恋爱的过程中，经常会向对方暗示 “我很在意你”、“你不能和那个女生靠得太近了”、“我正在吃醋” 等这样的信息。所以，在谈判过程中，我们也可以适时用神态语言来令对方理解自己的用意，让对方明白我们很在意其想法。

第08章

你来我往，见招拆招——打太极的策略

语言是传递信息的媒介，是人与人之间进行交流的工具。而日常谈判则是人们运用语言传达意见、交流信息的过程。在这个过程中，作为谈判者需要深谙熟悉的语言沟通技巧，而且在谈判过程中运用这些技巧来赢得谈判的成功。

攻心为上，让对方逐渐认同

谈判实际上就是说服别人的过程，也就是逐渐攻破被说服者的心理防线的过程，只有首先获取了对方的信任，让对方逐渐“认同”你，和你产生心理共鸣，才更容易说服对方，从而达到理想的说服效果。只要谈判者直觉敏感，善解人意，往往更容易攻破他人的心理防线，获得别人的信任。

谈判实景：

张仪曾经游说韩国与秦国“合纵”，共同攻楚，韩王心存顾虑，张仪是怎样说服对方的呢？他说：“韩国山地险恶，国家储备粮食不足，士兵不过二十万。秦国有百万大军，且士兵勇猛敢于赤足露身追杀敌人。山东各国的兵力虽然不错，但只有在披甲戴胄的情形下才敢战斗，而且人心不齐。两者相较就如把千钧的力量加在鸟蛋上，山东各国必然没有胜算。如今大王不服从秦国，秦必然发兵，大王的国家就要倾覆，不如亲附秦国而共同攻楚，把战祸转嫁给楚国，还能讨秦国欢心。”

一番形势分析之后，韩王释去了心中疑虑，听信了张仪的策略。

攻心说服最基本的技巧是巧妙地诱导对方的心理或感情，以使被说服者信服。所以最好使对方获得心理上的优越感或满足，以迎合对方的心理，而千万不要试图批评或改变对方的想法。

谈判心理策略分析：

怎样获取对方的信任呢？

1. 取得心理共鸣

有这样一句格言“人的心和降落伞一样，必须是开的才有用。”想要获得对方的信任，就要使对方首先敞开心扉，取得心理共鸣。首先必须要话题投机，态度观点一致，才能让对方有知己感，进而赞同你的想法。如果话不投机，难以消除人们之间的对立情绪，使对方和你有心理隔阂，自然不愿听你说话，不愿和你亲近，也就不能达到说服的目的。

在尝试说服某个人时，不妨先避开对方的忌讳，从对方感兴趣的话题说起，先从情感上取得一致性，然后从细节处扭转对方的观点，进一步赞同你的想法。比如曾学过的《触龙说赵太后》就是先说自己“偏爱小儿子”迎合了赵太后的心理，然后再说宠爱子女要“为之计长远”逐渐攻破了老太太的心，取得了赵太后的信任，才能最终达到目的。

2. 用实例来取得信任

很多推销者往往这样说服客户“你的同事、邻居、好朋友某某也用过这个产品或者也买了这个产品”或者“我自己也用这个牌子的护肤品，你可以看看我的皮肤”等这样直观的实际例子更容易取得对方的信任，关键是所举例子最好是对方熟悉的、有好感的人，否则以对方讨厌的人做例证，往往引起反感，也就不容易达到目的。

3. 用自己的人格取得信任

当对方把你当成朋友，往往更容易接受你的说服。很多保险业务人员就是这样做的，他们往往不会直接说服客户，而是先和客户成为朋友，当然并不讳言自己的职业，当交情达到一定的程度以后，对方有这方面的需求，自然而然就很容易找上他们，这种长期的营销策略更容易博得别人的好感。比如有个公司，在每个节日都会为每个家庭寄上一张贺卡，并署名自己的公司，有需求的时候，人们第一想到的往往就是这个公司。这也属于一种隐晦的说服术。

4. 有具体的数字和资料支持更能取得对方信任

对于理性的人来说，更容易从具体的数字和资料方面分析获得信任。比如一句广告“一年卖出三万多杯，杯子连起来可绕地球一圈”就是具体的数字资料，说明其受欢迎的程度，更容易得到消费者的信任和喜欢。尤其对于业务营销来说，想要说服某个大客户，一定要提供详细专业的技术资料和销售情况以及其他客户的反馈，更容易得到对方的信任。

5. 层层分析释去别人的疑虑

一个人对某件事情想不通，往往会疑虑重重，并不一定是对劝服者不信任，仅仅是对事情不理解，这时候就要用层层释疑的方法把道理说透，进行全面的分析，一点点释去对方的疑虑，才可能说服对方。

瞄准对方思维的漏洞，顺势说服对方

反客为主的谈判法就是这样，首先顺着对方的想法做出一番分析，然后找出对方的思维漏洞，趁隙插足，就能够夺取谈判的主导地位，再抓住关键要害，才能循序渐进达到自己的目的。

谈判实景：

在某次谈判中，为了自己手中多一张王牌，某芯片供应商A没有说出芯片对机械的要求，并告诉对方B，自己正在和另一位公司的老总C洽谈。B多方了解，知晓了这一秘密，于是告诉A自己无法按照对方的要求进行投资，决定放弃购买这种芯片；据自己了解这种芯片对机械的要求颇高，必须用类似的进口设备，希望对方能介绍把自己公司的设备卖给C公司。这一番暗示，告诉了A自己知道他和C的洽谈不过是个幌子，做到了反客为主，A听完之后大惊失色，主动找到B，降低了产品价格和对采购量的要求。

谈判心理策略分析：

1. 循序渐进

找到对方需求后，再抛出自己的想法，即有利于自己的想法，对方就可能一步步按照你的计划达成协议。比如，在某次谈判中，谈判者了解到目前这种产品的市场竞争非常激烈，于是首先提出“我公司已经连续 5年向贵公司采购产品了，当前市场竞争非常激烈，于情于理，贵公司最少应降价10%”对方没有立即答应，谈判者于是详细分析了产品的成本，市场竞争状况，如果错失和自己的合约，将可能有多大的损失。然后提出对方可能陷入的困境“若贵公司不顾交情，我公司将不得不向你的同行采购。”最后提出有诱惑的条件并催促对方到“您想继续合作，按照我们的建议执行吧，随着公司业务量增大，我们会增加采购量的。”

2. 抓住关键要害

想要让对方按照你的条件达成协议，就必须抓住对方的关键要害，比如“不想失去一位长期客户”“希望延长合同的期限”“希望增加采购量”“希望能做出产品宣传”等，只有抓住对方的要害，允诺对方最需要的利益，协议则可能更顺利达成。

巧施利诱，打动对方

《史记》中有这样一句，“天下熙熙皆为利来，天下攘攘皆为利往”，指出无论是王侯还是匹夫大多为了利益而往来奔走。所以，凡是涉及利益的劝服不妨“衡之以利”，尤其是在以情动人以理服人效果不彰的时候，则可以以利诱导，打动他人。

谈判实景：

李宁在退役之初本来打算操办体育学校，这时，健力宝的老总面见了他，劝道：“想要搞体育学校，就要靠国家拨款资助，很多事情不好解决。与其向国家伸手，不如自己创条路子。所以我认为你最好先搞实业，就搞李宁牌运动服吧。赚了钱，有经济实力再办体操学校就不用求爷爷告奶奶了。”然后提议：“请你考虑一下，是不是到健力宝来?我相信只要我们携手合作，效益肯定大于分别创业。从另一个角度说，就目前，恐怕也只有健力宝能帮助你实现这个理想。我那时创业，走了不少弯路，你不应该也不至于从零开始吧，那实在太难。你到健力宝来，我们是基于友情而合作，健力宝也需要你这样的人。”

一番话，既讲明了可能遭遇的困难，分析了利弊，又表现了朋友的情谊，人情味和利害并施，终于打动了对方。

巧施利诱并不是退让自己的利益给其他人，更不是直接以利益来诱惑别人，要遵循一定的技巧，才能说得不被人反感。如果上来直接以利说事，往往暗示对方“唯利是图”引起被说服者的反感，反而有害无益。运用哪些技巧可以在不知不觉中让人知晓利害，自觉听从你的说服呢?

谈判心理策略分析：

1. 暗示法

有时候直接把利益明朗化反而会引起他人的反感或者质疑，更不利于说服对方，这时候不妨用暗示的方法来使之明白，如果不按照自己说得去做，很可能失去某些利益，而且削弱了威胁的力道，更容易被人接受。

某家银行的信贷人员向一家拖欠贷款的企业催收外汇贷款，结果对方推三阻四。临告辞时，信贷员巧妙地透露了一条“内部消息”：在国际外汇市场上，美元对日元的比价可能下跌。因为这家企业原本都是通过收回日元再折成美元偿还银行的美元贷款的，继续拖欠下去就意味着企业要还更多的钱。没有一句催还，却用这种暗示的方式，警告对方再拖下去对企业会更不利，而让对方及时还贷。

2. 情利结合，说动他人

对于那些不过分讲究“实惠”，而明事理、重情义的人来说，与其直陈利害，不妨设身处地为对方着想，充分考虑对方的切身利益和实际困难，考虑对方的合理需要，在此基础上说服更显得通情达理，令人心悦诚服。如果同时能够以双方的交情为载体，情利结合，对方则会更容易接受。

3. 直陈利害

这里的“利害”不是直接的金钱利益，而是利弊得失，“两利相权取其重，两害相权取其轻”是人们的普遍心理，从对方的利弊得失来劝说，更容易打动对方。

比如在《烛之武退秦师》中烛之武的那段说词，就首先帮助秦王分析形势“秦晋两国强弱相当，晋国与郑国国土相连，攻取郑国以后，晋国会得到土地而变得强大，相对的秦国就会弱小了，到时候晋强秦弱，会对谁不利呢？”然后允诺了对方一分利益，“郑与秦结盟，郑作为东道主，来往的秦使郑国可以随时供给对方缺少的东西”。

这样一来，只要秦师撤退，就可以消除“攻郑”带来的弊端，还能赢得盟友和利益，只要明白了其中的利害关系，无论秦王怎样衡量考虑，为了自己也会听从对方的意见。有时候以提供利益来说服对方，不如把整体形势分析清楚，让对方自己做出有利于己方的决定。这不仅需要说服的技巧，更需要把握整体局势，拥有明晰利害的智慧。

避重就轻，回答问题有技巧

谈判中的提问可以追踪对方的实力、动机、意向、需求策略等，从而让提问方知己知彼，掌握主动。如果不想暴露己方的实力，而又不能直接拒绝，答复这些问题就必须讲究策略和技巧，正确的答案未必是最好的答复，有问必答、和盘托出肯定有风险，胡乱应答则会影响自己的信誉和形象。

怎样答复对方才更正确呢？答复的技巧不在于回答的“对”与“错”，而在于应该说什么，不应该说什么。应根据对方的情况和谈判目的，判断是否应该答复，答复的时间，答复的范围，如何答复等。

谈判心理策略分析：

谈判者应学会在谈判中巧答提问，回避重点，巧答提问有如下几种技巧：

1. 拖延回答

如果明确回答对己方不利，或者准备不充分，而对方频频催问，不方便表示拒绝，则可以用“缓兵之计”，“为了更圆满回答你们的问题，我们需要更充分的考虑时间，好吗？”或者“没有想到你们会问这个问题，所带资料不全，下次带齐资料再回答可以吗？”接下去可以准备好时再应答，或者来个“不了了之”，言而不答，一般对方也不会追究。

2. 慎重回答

在谈判中，回答的一方任何一句话都近乎一句诺言，一旦说出，通常情况下是很难收回的。同时，对方的提问又往往隐藏着“杀机”，这是提问者为了获取信息，占据谈判中的主动所致。因此，假如在不了解问话的真正含义之前贸然回答，就有可能会掉进对方设下的“陷阱”，导致把不该说的事情说出来。对此，对一方的提问一定要考虑清楚，每个字都要斟酌，慎重回答。

3. 含糊应答，以虚对实

借助一些宽泛模糊的语言，为自己留下余地，使己方策略具有某种弹性。笼统地回答对方“按照正常情况，我们是有信心高质量完成订单的。”这就不排除有意外发生，给自己争取了一定的弹性，比如如果价格太低或时间过紧或意外发生，就可能无法完成。也可以抽象回答“你们的问题我完全理解，但某些方面，只有全盘考虑才能取得共识。”模棱两可，说了等于没说，对方也不好再追问。

4. 不给对方追问的机会

大量事实表明，在谈判过程中，假如一方连续性地提问，而且提问环环相扣，步步紧逼，那回答的一方就会掉进对方的圈套而陷于被动，甚至有可能导致谈判的失败。所以，谈判者在进行回答时尽可能不要留下尾巴，授人以柄，让对方抓住某个点继续追问，而是需要尽可能遏制对方的进攻，让其找不到继续追问的借口。

5. 以问代答

如果对方提出了不好回答的问题，“如果出现某种情况，你们怎样应付，或者你们怎样赔付我方？”这样的问题回答不好就会使已经达成共识的部分功亏一篑，如果过于确切，说不定会吃亏，不妨反问：“贵方的意思呢？”

6. 局部作答

应对对方投石问路策略的，如果对方提问出一系列的假设性问题诸如：增加50%的订货量是否可以更优惠？签订合同期更长，可以有多少折让？对于这种测探虚实的问题，可以考虑有选择的局部应答，比如只回答第一个问题，对其他问题故意忽视或装聋作哑，不妨这样应答“如果你们增加50%的供货量，可以在原本基础上，打九五折，不过如果你们所有的假设都兑现，会有更大的优惠。”对方当然不可能兑现所有的假设，也就搪塞过去了。

7. 有偿做答

就对方的提问因势利导，根据对方所提问题反过头试探对方的答复方式，比如对方提问“假如……，是否有优惠？”则可以这样回答“如果可以优惠，咱们就成交签合同如何？”比如对方提问“如果按我们的规格生产，价格能不能维持不变？”则可以回答“我们的成本会提高，价格如果不变，你们的订货量必须再提高50%，或者签订五年专供合同，才值得考虑。”

8. 沉默拒答

对于一些明显不值得回答或不便回答的问题，完全可以不予理会，简单的沉默不语或者“顾左右而言他”，或反问对方“你觉得呢？”或者表情动作表现出对问题的抗拒，可以暗示对方无法回答，另外还可以给对方造成一定的压力，主动暴露自己的底线。

描绘对未来憧憬，吸引对方

在生活中，由于现实与理想之间的差别，人们总会有一种逃避的趋向。远离了现实的残酷，他们很容易会沉浸在憧憬和幻想中，似乎这样就可以彻底地摆脱现实残酷带来的痛苦。这是人们的普遍心理之一，对此，每个人对自己所憧憬、幻想过的生活都是充满着无限的向往，同时，还有一种期待，因为那就是他们为之向往已久的生活。假如我们在与其谈判过程中，能够巧妙勾勒幻想，利用对方的憧憬，描绘出未来美丽的蓝图，那对方心里还有防线吗？自然是没有了，他就会遵从我们的心愿，答应我们提出的条件。

古代的贤士们就常常给君主们描绘运用他们的思想治国可能的“美好蓝图”，比如在《礼运大同篇》中孔子描绘了以“礼”治国的未来蓝图“当大道得以施行的时候，男子都有本身适当的工作，女子都有归宿的家庭，鳏夫、寡妇、孤儿、没有子女的老人家，以至残废疾病的人，都能得到照顾。没有抢劫、偷窃和作乱，人人都可以做到路不拾遗，夜不闭户。”

孟子在梁惠王面前也宣扬以“仁义”治国的美好前景“分给百姓五亩大的宅园，种植桑树，那么，50岁以上的人都可以穿丝绸了……70岁以上的人有丝绸穿，有肉吃，普通百姓饿不着、冻不着，这样还不能实行王道，是从来不曾有过的事。”在那个战乱的年代，谁不希望自己的国家国泰民安，自己能够称王做霸主？先贤们就是用这些美好的蓝图来打动君主，宣扬自己的政治理想。

在某些广告当中人们也往往能看到这样的宣传“花园式公寓，大片绿地，顶级装修，您将享受到尊贵有品质的生活”“仰望湛蓝的天空，俯瞰辽阔的大海，徜徉在一望无际的大片风信子花海，在这里您将有一个最难忘的夏天。”无可否认这种鼓动性的语言，往往能够打动你的内心，让你情不自禁地想试一试对方描绘的情景。但这种方法也是有风险的，一旦不能实现，很可能毁掉你的信誉，一定要遵循以下原则，才能实施。

谈判心理策略分析：

1. 打动人心

描绘的前景，如果不能打动对方的心，就算你说得天花乱坠也没有半分用处。想要打动人心，就要懂得对方的需求，帝王需要国泰民安，需要做霸主，人们就用“王道”的前景来打动他。对方需要什么呢，要保值增值？要赚钱？要让别人羡慕和尊重？让自己过有品位的生活？增加自己的身价和社会地位？满足自己的虚荣心？懂得别人需要什么，然后再往这方面描述，更能引起对方的兴趣，比如“我们这块的买主都是成功人士，到时候一说您住在某某小区，肯定让别人高看一眼。”

2. 不要过度夸张

过度的夸张肯定站不住脚，还会影响自己的信誉。这种描绘前景的方法，就是让对方幻想一下未来最美好的景象，是带着一定夸张形势的，被说服者也都明白这一点，他们图的也是这个“可能”。但不要过于夸大，太浮夸了反而显得虚伪不真实，让人反感，比如某只股票的平均年收益能达到20%，如果夸张为“一般能保证您一年30%的收益，最高波段肯定能赚50%”内行人一般会心动，最后即使没有赚到那么多，别人也能理解。

如果夸大为“过几天一定会翻着倍的往上涨，赚个三五倍绝对没问题，您就等着数钱吧。”这种明显蒙外行的话，最后肯定要自打嘴巴，影响自己的信誉，这种明显的浮夸欺骗就不可取了。

3. 有论据支持

说得有理有据，别人才可能相信，比如一些加盟项目，总是这样宣传“一件产品最低能赚10块钱，就算每天最少有二十个客人的客流量，每月至少有6000元的收入，比很多工薪阶层要强多了，而且……忙都忙不过来，睡觉都会笑”这样有具体数字的，更显得真实，才能打动别人。

欲擒故纵，让对方跌进“陷阱”

俗话说“心急吃不了热豆腐”，谈判时如果急于求成，咄咄逼人，强迫对方立刻就在谈判桌上做出决定，往往会适得其反。我们常常看到一些销售员在顾客上门时，就随侍在侧，让顾客觉得很不自在。大多数人都会有压力感到紧张，甚至反感，尤其是在对方急切逼迫的情况下，即使达成协议，心里也会不舒服。

谈判实景：

在春秋战国时期，郑武公的夫人姜氏生了两个儿子，长子寤生，即郑庄公，次子子段，即共叔段。姜氏因为长子出生时难产，心里不喜欢他，而尤其偏爱次子子段。曾经想劝说郑武公改立子段为继承人，不过郑武公以“长幼有序，不可紊乱”为理由拒绝了她，立寤生为世子，只以一个小小的共城给次子为食邑之地。

郑武公死后，郑庄公继位，掌握了国家大权。姜氏见自己最喜欢的次子屈居在一个小城，心里很不舒服，再加上共叔段也想通过母亲的帮助取庄公的王位而代之。姜氏向郑庄公提出把制地封给共叔段。由于制地地位太过于重要，郑武公便假托父亲的遗命“制地险要，原属魏国，不能封给任何人”而拒绝了姜氏。继而姜氏又提出把京地封给共叔段，郑庄公只好答应，这事遭到了大夫祭足的劝阻。

共叔段到达京地之后，就开始积极训练军队，扩充编制。其所作所为根本不符合当时对一个封子的规定。上卿公子吕提出“可速诛共叔段！”郑庄公则以“宁可失地，不可伤兄弟之情”给予回绝。后来，共叔段又把势力扩展到西部和北部边境地区。公子吕再次提醒郑庄公“如果现在不动手，以后就更难控制了”。而郑庄公继续装傻说：“对国君不尽义，对兄长不亲近，土地越多，崩溃得越彻底。”

后来，公子吕为其出谋划策：郑庄公假装去朝见周天子，故意引共叔段起事，由公子吕预先伏兵在京地附近，待他触动，便乘虚而入占领京地。郑庄公再进攻，让他插翅难逃。于是，郑庄公便依计行事。姜氏认为时机已到，就写信与共叔段相约起兵袭郑，结果共叔段惨遭失败，被迫逃到了鄢城，而郑庄公已经先到了鄢城，最后共叔段无路可走，只好自刎而亡。

谈判中的欲擒故纵之术，就是通过表面上制造假象来麻痹对方，等待时机成熟之后进行反攻，在对方毫无防备的情势下获取较大的利益。这就需要在谈判时给对方留一条“退路”，也就是所谓的“欲擒故纵”，即使很想达成协议，也要轻松随意地让对方思考一下，让对方在没有压力的情况下，心悦诚服地达成协议。然而，如果技巧掌握不好，往往会让客户真正跑掉，那么怎样“纵”，又怎样“擒”呢？

谈判心理策略分析：

1. 给对方留下考虑的时间

如果对方对签订协议或你提出的条件犹豫不决，这时候不要急于求成，逼迫对方答应，只要对方有心动的表现，不妨给他留下考虑的时间，充分思考之后，才会心悦诚服的答应。很多人谈判时都习惯给对方做结论“你看我们的条件多优惠，为什么不答应呢？”这样的语言方式往往让对方反感，不妨改为“您可以多方做一下对比，就能知道我的提议是不是对您有利。”给对方对比和考虑的余地，不要步步紧逼，反而更容易达成一致。

2. 让对方下结论

谈判时，最好不要替对方下结论，比如“我相信您一定会跟我们合作”“我们的定价很合理”之类的武断性的结论，会让对方非常反感。你的提议是否合理，协议是否公平，不是站在自己的角度来看，而是站在对方的角度来看。所以，你只能做出逻辑性或者组织关系性强的推理，让对方自己得出结论，做出选择，他才会更心甘情愿。比如列出自己产品的优越性，而不强迫对方承认自己的产品一流；做出行业内对比，而不要明说选择自己合作才是最明智的。总之“己方只做引导，让对方作出结论，永远让对方觉得自己赢了。”让客户觉得是他自己做出的选择，而不是被你说服了，对方才会更心甘情愿。

3. 创造“第三者”

如果让对方意识到你并非“非他不可”，你还有第三种选择，那么谈判就有了更充分的余地。比如，你对对方的服务或产品非常满意，如果想要议价，就不妨告诉对方“我对你们产品很满意，但我还看中了某某公司的产品，要更实惠一点，请容我再考虑考虑。”对方往往更容易做出让步。或者“我们同时还在对比某某公司给出的报价，恐怕您还要等一段时间，我们才能做出最后结论”，往往能达到奇好的效果。

4. 表现出自己还需要考虑

如果想要对方让步，就要让对方意识到不合理的地方，这时候不妨委婉地告诉他“你可以拿回去跟贵公司领导商量一下，考虑一下这个价格是否可以，没有利润的项目，我想我们不会做。”或者“我方刚刚已经把价格提高了10%，而贵方寸步不让，我想我没有办法回去交差，价格还是原来价格，不能提高了。”或者“这个合作项目没有问题，但我手头还有两三个项目等我考虑，这个项目可有可无，还是再等一段时间吧。”为了能够成功对方往往更容易做出让步。

第09章

保持原则，以和为贵——对抗与博弈的策略

任何谈判都避免不了针锋相对的白热化阶段，在这时谈判双方就抛开了一些虚套和客气，从各自的利益出发，唇枪舌剑，左冲右突，竭力使谈判向着有利于自己一方的方向发展。不过，在这个过程中，我们切不要忘记谈判的宗旨：以和为贵，不失原则。

不同对手，灵活应对

商务谈判是指买卖双方为实现某种商品或劳务的交易，也就是多种交易条件进行的协商活动。当然，谈判是一项技术性和技巧性较强的活动，成功的谈判不但要求谈判者熟练地运用各种计谋，而且还要求他们灵活地运用各种技巧。当然，由于谈判者在文化、修养、性格、地位以及经历的不同，往往就会表现出不同的谈判风格和特点，其使用的谈判策略也是有所区别的。这就要求谈判者根据对手不同的风格和特点，采取不同的谈判策略。

谈判实景：

一位英国商人很不幸地欠了一位放高利贷者的一大笔钱，不过自己没办法还清这笔借贷，这将意味着他不但将破产而且必须长时间孤独地关在地方债务人监狱。但是，放高利贷者提供另外一个解决方法。他建议，假如这个商人愿意把漂亮的年轻女儿嫁给自己，那就一笔勾销，以作回报。

这个放高利贷者又老又丑，而且声名狼藉。商人对这样的建议感到很吃惊。但是，这位放高利贷者是一个狡猾的人，他提出让命运做决定，对此，他提出这样的建议：在一个空袋子里摆入两颗鹅卵石，一颗是白的，一颗是黑的。商人的女儿必须伸手入袋取一鹅卵石，如果她先取出黑鹅卵石的话，就必须嫁给他，而债务也算偿清了。如果她不选鹅卵石的话，那就没什么可谈了，她的父亲必须关在债务人监狱。

商人以及他的女儿只好同意，放高利贷者弯下身拾取两颗鹅卵石，放入空袋。商人的女儿用眼角撇到这个狡猾的老头儿选了两颗黑鹅卵石，好像自己的命运已经被判定了。商人的女儿似乎没有强大的谈判态势，尽管放高利贷者的行为很不道德，不过如果揭穿他的伎俩，采取强硬立场，那自己的父亲肯定进监狱。假如不揭穿而选择一颗鹅卵石，那自己就必须嫁给这位丑陋的放高利贷者。

商人的女儿很聪明，也了解自己，同时也了解自己的对手。她清楚自己的对手是一位不择手段的狡猾者，她知道根本不可能与他进行面对面地较量。想好了对策之后，她把手伸入袋子，取一颗鹅卵石，不过在就要判定颜色之前，她假装笨拙地摸石取石，结果失误，鹅卵石掉到了路上，很快地与路上其他的鹅卵石混在一起，没办法辨别。女孩惊呼：“哦，糟糕，我怎么这么不小心，不过没关系，先生，我们只要看看在你袋子里所留下的鹅卵石是什么颜色，便可知道我所选的鹅卵石的颜色了。”

由于谈判对方是一个狡猾的人，女孩子在仔细地衡量相关因素之后，决定好策略，运用谈判让自己赢得有利的位置。在赢得谈判之后，她揭穿了高利贷者不道德的行径，然后和已偿清债务的父亲回家。这个女孩子最终赢得了成功，因为她在判定比赛规则对她不利的情况巧妙地利用游戏规则，变劣势为优势。

谈判心理策略分析：

那我们在谈判中如果遇到不同类型的谈判对手，又该如何应对才不至于被对方牵着鼻子走呢？

1. 盛气凌人的谈判对手

通常盛气凌人的谈判者往往会占据主动的一方，表现为比较注重信誉，会认真履行已经承诺的事项，不过态度通常比较傲慢、盛气凌人。若是遇到这样的谈判对手，我们可以采取以柔克刚策略，争取承诺策略，更换方案策略，黑白脸策略等。在谈判过程中避其锋芒，以计制强，以静观动，以持久战来削弱对手的耐力，寻找有利的突破口，促使谈判顺利进行，达到预期效果。

2. 诡计多端的谈判对手

在日常谈判中，我们经常会遇到诡计多端的谈判对手，这样的对手比较狡猾，不容易对付。他们会使用各种计谋和手段来诱惑己方做出让步，意图达到自己的目的。一旦遇到这样的对手，我们一定要沉着应对，以不变应百变，可以采取反车轮策略等。不管在什么样的情况下，我们一定要保持清醒的头脑，不断揭穿对方的“阴谋”，争取主动，运用多种谈判技巧迫使对方作出让步。

3. 循规蹈矩的谈判对手

通常循规蹈矩的谈判者不太容易接受别人的意见，一切都是按照规章制度办事，按照领导意图办事。所以，我们在遇到这样的对手，以守为攻，休会策略，并且准备好充分、详细的资料，让谈判对手对自己的方案产生兴趣，利用对手的漏洞与弱势，组织进攻，增强谈判力度。

4. 自我保护的谈判对手

通常自我保护的谈判对手自我意识较强，对外界的暗示比较敏感。对此，谈判者可以一方面适当满足其虚荣心，另一方面要抓住对方的弱点，展开攻势，让对方妥协。可以使用投其所好策略、顾全面子策略等。当然，我们在实践中要灵活应用，不能生搬硬套，这样不会达到预期目的。

当心对方的“干扰”战术

一个人的情绪对活动有着相当重要的影响，对于每个人而言，能够敏锐地察觉他人情绪，善于控制自己情绪，巧于处理人际关系的人，才更容易获得事业活动的成功。商务谈判情况复杂多变，双方的情绪也会随之波动，谈判过于情绪化，对谈判本身是毫无益处的。作为谈判的一方，须对双方的情绪进行有效的调控，使商务谈判可以按照预期的方向发展。当然，商务谈判中并非张牙舞爪，气势夺人就会占据主动，反而是那些喜怒不形于色，情绪不被对方所引导，心思不被对方所洞悉的方式更能克制对手。所谓致柔者长存，致刚者易损，如果想成为商务谈判的高手，那势必谨慎对方的情绪干扰。

感情泄露在谈判中有时双方都难以控制，个人的情绪还会有一定的传染性。有时处理不当，矛盾激化，促使谈判陷入不能自拔的境地。双方为了顾及“脸面”而彼此绝不作出任何让步，结果双方都难以再合作下去。对待和把握谈判者的感情表露也是解决人的问题的一个重要方面，在商务交往中，每个人的情绪高低可以决定谈判的气氛，怎么样对待谈判者的情感表露，尤其是处理好谈判者的低落情绪，甚至是愤怒的情绪，对今后双方的进一步合作有深远的影响。

谈判实景：

巴西一家公司到美国去采购成套设备，巴西谈判小组成员由于上街购物耽误了时间，当他们到达谈判地点时，比预定时间晚了45分钟。美方代表对此极为不满，花了很长时间来指责巴西代表不守时，没有信用，假如总是这样下去的话，以后许多工作是难以合作，浪费时间就是浪费资源和金钱。

对此，巴西代表感到理亏，只好不停地向美方代表道歉。谈判开始之后，美方好像还对巴西代表迟到一事耿耿于怀，一时间弄得巴西代表手足无措，说话处处被动，无心与美方代表讨价还价，对美方提出的很多要求也没有静下心来认真考虑，匆匆忙忙就签订了合同。

等到合同签订以后，巴西代表平静了下来。头脑不再发热时才发现自己吃了大亏，上了美方的当，不过为时已晚。

这是一个挑剔式开局策略的运用，在谈判开局就对对手的某项错误或礼仪失误严加指责，使其感到内疚，从而达到营造低调气氛，迫使对方让步的目的。在上面的案例中，美方谈判代表成功地使用挑剔式开局策略，迫使巴西谈判代表自觉理亏在来不及认真思考的情况下匆忙签下对美方有利的合同。

谈判心理策略分析：

在日常谈判中，人的因素除了观念问题之外，情感表露对谈判也可以产生重要的影响。当然，谈判者总是期望对手的情绪泄露可以助于谈判的顺利进行，比如谈判对手刚刚新婚，或者刚做了一笔漂亮的生意，这让他在谈判中不禁喜形于色，对方高昂的情绪可能就使谈判十分顺利，很快达成协议。但是，我们也会遇到某些不如意的对手，情绪低落，甚至有可能对我们大发雷霆。

1. 关注和了解双方的情绪

假如谈判对手表示出十分生气，或冲着你大发雷霆，那一定要密切关注对方的情绪变动，同时也要注意自己的情绪。我们应该弄清楚对方生气的原因，是对方在寻找策略的途径，还是个人家庭出现了问题？或许说对方只是想通过情绪干扰来赢得我们的让步，还是对方在束手无策的情况下的一种情感宣泄。只要我们弄清楚对方情绪大变的原因，那就会找到解决办法。不过在对方情绪不稳的情况下，不宜急于作出解释和澄清。

2. 让对方的情绪得以发泄

在谈判过程中，当对方的情绪还在发泄时，并不是解决问题的最好时机。这时最佳方法就是静静地倾听对方，不宜还击对方。为了能够让对方的情绪稳定下来，应该引导对方将理由说清楚，让对方将心中消极的情绪发泄出来。

3. 缓解情绪冲突

在商业谈判中，个人情感的输赢是没有实质性意义的，非要弄清谁是谁非并不是最终的目的。谈判者追求的是在双方利益都实现的基础上取得双赢的局面。所以，在缓解情绪冲突的时候，有些象征的体态语言往往可以起到意想不到的使局面发生逆转的作用，比如握手，赠送礼物，请吃饭，等等。智慧的谈判者会觉得用行为表示道歉是谈判中成本最少，而回报最高的投资。

继续追击，令对方甘拜下风

所谓谈判，体现谈判者的谈判能力的就是其语言水平。然而，真正的谈判，往往不是在和平的语言环境下进行的，甚至可以说，双方为了掌握谈判主动权，多半会唇枪舌剑。因此，出于利益的对立，当你提出自己的看法和观点后，对方多半会采取否决的态度。面对这种情况，聪明的谈判者往往会借力打力，调转势头，并乘胜追击，赢取胜利。

纵观古今中外，几乎所有的战争都是在两条战线上进行的，一条是血与火战场上的拼杀，另一条则是心理战场上的较量。心理战可以说是“战争之外的战争，战争之上的战争”。将错就错、让对方自乱阵脚这一攻心术在中国的战争中表现的尤为明显。任何一位谈判高明者都知道在对方心理弱势时乘胜追击，一举获得胜利。

谈判实景：

在一次集体活动中，当大家风尘仆仆地赶到事先预定的旅馆时，却被告知当晚因工作失误，原来订好的套房（有单独浴室）中竟没有热水。为了此事，领队约见了旅馆经理。

领队：对不起，这么晚还把您从家里请来。但大家满身是汗，不洗澡怎么行呢?何况我们预定时说好供应热水的呀！这事只有请您来解决了。

经理：这事我也没有办法。锅炉工回家去了，他忘了放水，我已叫他们开了集体浴室，你们可以去洗。

领队：是的，我们大家可以到集体浴室去洗澡，不过话要讲清，套房一人50元一晚是有单独浴室的。现在到集体浴室洗澡，那就等于降低到通铺水平，我们只能照通铺标准，一人降到15元付费了。

经理：那不行，那不行的！

领队：那只有供应套房浴室热水。

经理：我没有办法。

领队：您有办法！

经理：你说有什么办法?

领队：您有两个办法：一是把失职的锅炉工召回来；二是您可以给每个房间拎两桶热水。当然我会配合您劝大家耐心等待。这次交涉的结果是经理派人找回了锅炉工，40分钟后每间套房的浴室都有了热水。

谈判心理策略分析：

这里，这位谈判者的谈判水平是令人佩服的。这里，针对对方始终拒绝的态度，他为旅馆经理提出了反面建议——那就等于降低到通铺水平，我们只能照通铺标准，一人降到15元付费了。而这一建议自然是不可能实现的。然后，他便乘胜追击，提出了另外一条建议。而旅馆经理权衡之下，自然会选择后者。

表面上看来，这位领队是在“威胁”旅馆经理，但是我们发现，在整个说服的过程中，他丝毫没有表现出任何恶意，这也是为什么旅馆经理最后妥协的原因。如果领队对旅馆的服务大加指责或者言辞激烈威胁的话，恐怕就是另外一种结果了。因为没有人愿意被真正地威胁。攻心里所谓的“威胁”策略与恶意的恐吓没有任何关系，而是对对方进行的善意提醒。

1. 拖延战术

谈判者若发现自己在谈判中属于实力较弱的一方，那么，你要做的一项重要工作就是尽力消耗对方的优势，变被动为主动。对此，你不妨使用拖延战术。通常来说，谈判结束的时间被称为“死线”，在一般情况下，谈判者都要保密自己的最后期限和“死线”，因此在谈判中，往往会出现这种情况，双方都希望摸到对方在谈判中的“死线”，以争取主动；与此同时，都对自己“死线”严格进行保密。

2. 欲擒故纵

在针对谈判的“死线”的时候，谈判者可以采用欲擒故纵的拖延技巧，但在运用这种技巧的时候，要注意保留余地，不可拖死对方。例如，在改变与对方的谈判日程时可说，“因为还有别的重要会见。”在神秘中仍给对方一个延后的机会，待到对方等到这个机会时，会增加一种珍惜感；保证自己手头有“筹码”可以再次吸引对方谈判，不能使自己的地位僵化，否则，一“拖”即逝，无力再拉回对方；在采取拖延技巧的时候，一定要注意自己的言论，说话要委婉，避免从情感上伤害对方造成矛盾焦点的转移。

3. 妙语补救

这种说话策略能很好地帮助谈判者弥补我们已经陷入对方陷阱的措施。比如对方诱导你承认了他们的报价，你失口承诺认可了对方的报价，如果发觉得及时，可马上纠正——“当然，这个价格尚未计入关税税额”，如果发觉得较迟，你可通过助手补充纠正，“请注意，刚才张先生所允诺的价格，是以去年底的不变价计算的，因此，还需要把今年头八个月的涨价比率加上去。”当对方听到你已经巧妙绕开了陷阱后，会立即乱了方寸，这时，便是你展开进攻的时机了。

谨慎言语，沉默是金

现代社会，谈判者不仅要善于运用谈判手段更广泛地处理和开发同外部的关系，更要懂得如何在谈判中为所在单位与企业争取利益。但成功谈判并不是一件易事，首先就要求每一个谈判者在谈判中做到冷静处理、言谈谨慎。在谈判中，一般情况下，双方都站在利益的对立面，谁先暴露自己，谁就最先偃旗息鼓而败退，要想克敌制胜，就必须让对方摸不清虚实，但很多时候，对方会采取一些扰乱你情绪或者试探你“底牌”的方法。此时，你一定要小心谨慎，泰山奔于前而面不改色，在无法了解你的真实意向的情况下，他们往往不会轻举妄动，否则，你就被对方“算计”了。

谈判实景：

有一位工厂老板，因为公司业务增大，他需要更换一批新的机器，于是，他准备低价处理厂内的一批旧机器，他在心中打定主意，在出售这批机器的时候，卖价一定不能低于50万美元。之后，有一个买主前来看货，在双方谈判交易金额时，买主便滔滔不绝地讲了这批机器的很多缺点，但是这位老板始终一言不发，任凭买家不停地发言。

结果到了最后，买主终于停止了批评，并且突然说了一句话：“这批机器我最多只能出价80万美元，再多的话，我就不要了。”于是，这位老板很幸运地多赚了整整30万美元。

案例中，工厂老板为什么能幸运地多赚取整整30万美元？人们常说：

“沉默是金”，谈判中，他保持沉默，始终一言不发，那么，无论买家怎么贬低这些机器，也摸不着他的底细。可以说，他的冷静起到了决定性作用。

可见，在重大的谈判当中，谈判者一定要言谈谨慎。如果缺少了冷静，就会被凝重的气氛和压力击垮，也就不可能赢得谈判. 所以我们说，冷静是应对谈判的上策。而为了达到这一目的，谈判者在谈判前就必须尽量做好准备工作，具有健康稳定的心理，必须具有对谈判中出乎意料的情况冷静处之的能力。

谈判心理策略分析：

具体说来，谈判中，为了能守住自己的实底，谈判者需要做到：

1. “我还需要仔细考虑，请给我一点时间。”

谈判过程中，如果对方逼你表态，而你无法做出抉择，你就可以大胆坦言：“我还需要仔细考虑，请给我一点时间。”这样，你不仅可以省去许多麻烦，也是提高冷静应对能力的重要手段。

而从逻辑上讲，这也是谈判的战术之一。当然，你向对方标明此刻无法做出决定，需要附之以不能决定的理由。只要言之成理，大多会得到对方的谅解。即使当时没有得到对方的谅解，也向对方表明了自己不是一个态度暧昧、优柔寡断的人。这个时候，自己在谈判中就会处于相对主动的位置上。

2. 驾驭自己的情绪，懂得忍耐

很多时候，我们与谈判对手的较量，就是心理的较量，谁先缴械投降，谁就输了。任何人都是有情绪的，谈判者自然也是如此，但你千万不能因为自己的情绪而暴露自己，让对手有机可乘，那么，你就应该在谈判中掌握一些控制自我情绪的方法：

其实，喜怒哀乐是人之常情，愤怒是一种激烈的情绪的表现。比如，谈判中，当对方提出的某些条件让你觉得不可思议，甚至触犯了你的底线，你可能会愤怒，但此时，你要明白，在涉及利益的谈判中，愤怒只会泄露你的内心情况，为此，你必须理性的控制，锻炼自己的自控能力，多考虑愤怒的后果。

一些谈判者，在谈判过程中，一旦遇到对手的拖延战术，便显得急躁不安，继而失去原本守住的有利地位。要克服急躁，需要谈判者培养自己的忍性，沉着冷静，学会冷处理。对于这一点，年轻的谈判者应该着力培养，因为做事急躁，沉不住气是很多年轻人的通病。

3. 具备敏锐判断力

与人谈判，必须具备一定的观察能力。只有这样，你才能发现对手是否在试探你。否则，如果不注意观察，我们输给了别人你还蒙在鼓里。一般来说，具备敏锐的洞察能力的谈判者，无论是处理日常工作，还是谈判，多半会轻松简便得多！当然，谈判过程中的观察，无外乎针对对方的眼神、动作以及语言！

4. 保持客观的态度

一般来说，谈判者成功谈判，必须要探知对手的内心世界，从而攻破对方心理堡垒，但无论使用什么方法，一定不要让他知道你的企图，为此，在说话时，你要保持公正客观的态度。如果对方发现你说话时带有某些情绪色彩，那么，就很容易被对方识破。因为一般来说，你探知对方的企图越明显，他越会觉得你“图谋不轨”，你要刻意影响他；相反，如果你无意中说一句话，假装不在意地提问，他反而会没有心理阻抗，他也不会认真地琢磨你说的话，因为他觉得你没有操纵他的意图，如果他的想法被你猜中，那么，他将会“中招”，将自己的真实意图脱口而出。

以对方兴趣入手，谈共同话题

许多拜访过罗斯福的人，都会对其广博的知识感到惊奇，而且，在他身上有个格外的特点，那就是和谁都有共同话题。不管是纽约政客，还是一位外交家，罗斯福都知道与他谈论些什么。有人问罗斯福是如何做到这一点的，他回答："我每接见一位来访者，都会在这之前的一个晚上阅读有关这位客人所特别感兴趣的东西，以便找到令人感兴趣的话题。"每个人都有自己的兴趣，都对和自己有共同兴趣的人有着特殊的好感。所以，当对方听到你对他的兴趣爱好也这么感兴趣，还如此了解的时候，他就会产生"同好"心理而倍感亲切。在实际谈判中，谈论双方共同的话题，无形之中是对他人的赞美与肯定，同时，也会使你获得好感，从而消除彼此的尴尬心理，达到影响他人心理的目的。

谈判实景：

美国著名的柯达公司创始人伊斯曼，捐赠巨款在罗彻斯特建造一座音乐堂、一座纪念馆和一座戏院。为承接这批建筑物内的坐椅，许多制造商展开了激烈的竞争。但是，找伊斯曼谈生意的商人无不乘兴而来，败兴而归。"优美座位公司"的经理亚当森也在竞争者之列，希望能够得到这笔价值9万美元的生意。秘书却事先申明："我知道您急于想得到这批订货，但我现在可以告诉您，如果您占用了伊斯曼先生5分钟以上的时间，您就完了。他是一个很严厉的大忙人，所以您进去后要快快地讲。"亚当森微笑着点头称是。

亚当森走进办公室，看见伊斯曼正埋头工作，于是静静地站在那里仔细地打量起这间办公室来。一会儿，伊斯曼抬起头来，问道："先生有何见教？"刚开始亚当森没有谈生意，而是说："伊斯曼先生，刚才我仔细地观察了您这间办公室。我本人长期从事室内的木工装修，但从来没见过装修得这么精致的办公室。" 伊期曼回答说："哎呀！您提醒了我差不多忘记了的事情。这间办公室是我亲自设计的，当初刚建好的时候，我喜欢极了。但是后来一忙，一连几个星期我都没有机会仔细欣赏一下这个房间。"

亚当森走到墙边，用手在木板上一擦，说："我想这是英国橡木，是不是？意大利的橡木质地不是这样的。" "是的"，伊斯曼高兴得站起身来回答说："那是从英国进口的橡木，是我的一位专门研究室内橡木的朋友专程去英国为我订的货。" 伊斯曼心情极好，便带着亚当森仔细地参观起办公室来了，一边参观一边做详细的介绍。此时，亚当森微笑着聆听，他看到伊斯曼谈兴正浓，便好奇地询问起他的经历。伊斯曼便向他讲述了自己苦难的青少年时代的生活……亚当森由衷地赞扬他的功德心。结果，亚当森和伊斯曼谈了一个小时，又一个小时，一直谈到中午。

虽然亚当森直到告别的时候，都没有谈到生意的事情，但最后，他不但得到了大批的订单，而且还和伊斯曼成为了好朋友。如果他刚开始就大谈生意，不仅他自己即将面临被拒绝的尴尬，而且也会使对方产生尴尬心理。亚当森成功的诀窍，就在于他善于挖掘出共同的话题，从伊斯曼的办公室入手，巧妙赞美了对方的成就，这样使伊斯曼的自尊心得到了极大满足，最终亚当森也达到了自己的目的。

谈判心理策略分析：

1. 激起对方说话的欲望

在沟通过程中，我们应该率先向对方传递友好的信息，激起对方说话的欲望。当你的话题使对方产生了浓厚的兴趣，对方就会不由自觉地打开话匣子。所以，当谈话出现了尴尬场景的时候，一定要通过话题激起对方的兴趣，使谈话能够持续下去，比如“看来你对书法挺有研究的”。

2. 有效地提问

适时的提问会帮助你找到共同话题，当然，提问也是需要技巧的。为了不至于造成尴尬情境，应该把问题尽量掌握在自己比较擅长的范围之内，问题尽量具体，比如“你喜欢去哪个国家旅行？”这样你就可以围绕旅行途中发生的趣事展开一个话题了。

3. 找到对方感兴趣的话题

每个人都有自己感兴趣的事物或话题，我们不妨去迎合他的兴趣，积极主动地寻找出共同话题，这比漫无目的地乱说一通强过一百倍。比如，假如你了解到他以前是一个歌手，那么你就可以说“那时候唱歌辛苦吗？”“感觉你声音很独特，唱歌肯定很好听”。

打消对方疑虑，令其接受己方请求

大多数人在谈判中表达自己请求时，总觉得不好意思开口，这样的心理从话语里反应出来就是“含糊、支支吾吾”，就连具体的要求也没有说清楚。结果，话已经说完了，对方还是没有听清楚，但对方心里已经有了疑虑：既然他都说得吞吞吐吐，恐怕是不能答应下来的。通常情况下，对方都会婉拒，而自己只好哑巴吃黄连——有苦说不出。事实上，如果你把自己的要求说的越具体，对方会更容易接受。每个人都有一定的疑虑心理，实际上，对方心中有许多的不确定因素，在没有明白自己究竟要干什么的时候，他是不会贸然做决定的。所以，为了化解对方心中的疑虑，我们应该把要求说的具体些，消除对方的矛盾心理，令其接受我们的要求。

谈判策略心理分析：

每个人的思想都是极其复杂的，一旦他们对某事物不理解，想不通一些问题，往往就会疑虑重重，这就需要我们把要求说具体，把道理讲清楚。对方心中的疑虑消除了，自然就谈判成功了。当然，消除对方的疑虑并不是一件很容易的事情，而是需要一点点、层层递进，把要求说具体，令对方更容易接受请求。

1. 消除对方心中疑虑

在日常谈判中，我们要善于了解对方的心理，比如当你提出了要求之后，对方陷入了沉默或者开始迟疑起来，这就表示对方正在考虑，而你要抓住时机消除对方心中疑虑，比如“我觉得这件事交给你，肯定没有问题的，我相信你的能力”。

2. 弱化请求

有可能对方担心自己不能很好地解决问题，或者觉得这件事情的难度系数太大。因此，我们在提出请求的时候，要善于弱化请求，也就是把复杂的问题简单化，让对方觉得这不过是一个轻而易举的事情，比如“只要你签了这个合同，我们马上就会供应产品，这样就会实现双赢局面，你觉得呢？”

第10章

软硬兼施，能屈能伸——灵活处理的策略

日常谈判就好像是一场无硝烟的计谋之战，只有运用好了战术，谈判者才可以一举获得成功。其中，在谈判中更是要计谋多变，灵活应对。时而采用示弱之术，时而采用强硬之术，具体策略应视具体情况而定。

太极术，以柔取胜

人们进行谈判，都会尽可能地为自己和所代表的利益团体争取利益，于是，“讨价还价”以及“拒绝”就在所难免。对于对方发出的谈判招数，高明的谈判者都能巧妙接住，并且能在悄声无息之间进行反击，使谈判主动权迅速交付到自己手中。也许一些谈判者会发出感叹，如何才能做到这一点呢？其实很简单，这里还考验谈判者的说话水平——你需要使用太极语言，巧用四两拨千斤，加以反击。而“四两”之所以能够“拨千斤”，最主要的就是找准“用力点”，而且这是最有影响的点。找准这个点后，再发力时，就能起到“拨千斤”的效果。

谈判实景一：

当时，东周为了发展农业，提高农作物的产量，准备改种水稻。西周在高处掌握着水的资源。知道东周改种水稻的消息，坚持不给东周放水。东周非常着急。于是发出话来，谁能去说服西周放水，国家要给予重奖。这时，苏秦的弟弟苏代就自告奋勇去说服西周。他到了之后就对西周人说：“我听说你们不给东周放水，这个决定可是不高明啊。”西周人问：“怎么不高明呢？”苏代说：“你们不给东周放水，他们就没有办法种水稻。只能改种小麦。这样，他们就再也不用求你们了。你们和东周打交道也就没有主动权了。”西周人问：“苏先生，以你的意见怎么办好呢？”苏代说：“要听我的意见，你们就给东周放水。让他们顺利地改种水稻。改种水稻就常年都需要水，这样，东周的经济命脉就掌握在你们手里了。你们一断水他们就完蛋。他们时刻都得仰仗你们，巴结你们。”西周人听了觉得有道理。不但同意给东周放水，还重重奖励了苏代。

在风云变幻的谈判桌上，双方唇枪舌剑，犹如刀光剑影。谁都想尽快探知对方底牌，争取最大利益，掌握谈判主动权。在这场据理力争、高智商的商务谈判中，谈判者一定要学会运用太极语言，以柔克刚，以软化硬，用智慧和柔术进退自如，攻守得当。

谈判实景二：

一天，转了半天的他坐在公园的长椅上一边啃着干面包，一边读着报纸。突然，他眼前一亮。原来报纸上报道了总统的小花园的消息，他灵机一动，“腾”地站了起来。他回到家后，就立即写了这样一封信：

“亲爱的总统先生：

您的花园真是不错，但是草都已经长高了。我知道您工作实在太忙了，没时间打理，而您的妻子需要照顾孩子。我想，作为一个普通公民有义务代表所有公民为你做件事：一部除草机可以帮您减轻您和您妻子的负担……”

结果，总统看了这封信后，被他的话感动，于是就买下了一部。

这件事引起了强烈的震动，人们都知道了总统用的什么牌子的除草机。于是，这款牌子的机器一时间供不应求。结果可想而知，他留在了公司。

在以后的工作中，他找到了这个窍门，而且每次都会见效，他的业绩也迅速提升。

这里，这位推销员的智慧之处就是，他让总统购买自己的机器，从有影响力的人物开始打开销路。这就是四两拨千斤的作用。在谈判过程中，谈判者也大可以运用这一语言技巧。如果你喋喋不休地向谈判对手阐述自己的观点，那么，换取的也可能只是对手喋喋不休的回应。而此时，如果你能打好太极技术，攻克其关键点，那么，整个谈判也就能攻克下来了。

谈判心理策略分析：

1. 每个决策须深思熟虑

这里要求谈判者在谈判中说话要深思熟虑，不能顾此失彼，更不可前后矛盾。对说出的关键词、关键数字和关键性问题要牢记不忘。在讨论其他问题甚至闲聊时，也要避免说出和这些关键问题相矛盾的语言。否则将会引起对方的猜疑而导致被动。同时，尽量不要按照对方的思路走，要千方百计把对方的思维方式引导到你的思维方式上来。

2. 懂倾听之道

谈判是面对面的交谈，因此，谈判中要有一半左右的时间要听对方说话。常言说“锣鼓听声，听话听音”。能不能听出对方的“音”？听了能不能做出正确地分析和判断？能不能找出对方的“软筋”或“破绽”？从而拿出应对的策略，这些都是能不能实现谈判目的的关键。

3. 让对方多说

不要打断对方，让对方多说，不要怕没有说话的机会；在对方有一种“言多有失”的警觉时，要尽力地循循善诱；高明谈判者不仅善于倾听，还善于在不显山露水的情形下，启发对方多多地说。详细地说；重复对方的讲话，最好把他们要说的话、想说的话尽量地都说出来，以显示出你曾认真倾听了他的谈话；还要尽量判断出对方真实意图和水份。然后根据自己方面的原则立场，拿出一套应对的谋略。

4. 保持举重若轻的轻松姿态

所谓举重若轻，就是一种轻松的谈判姿态。即使面对的是重大的问题、难点或者分歧较大的问题。因为这样就不至于把谈判双方的神经搞得过于紧张，甚至引发谈判的僵局。相反，所谓举轻若重，就是面对那些鸡毛蒜皮的小问题，也表现出一副极其认真负责的态度去洽谈。一是表明认真负责的谈判态度，二是可以利用这些小事冲淡或化解关键的分歧。如果在关键问题上谈不下去的时候，也可以采取迂回战术。有时候，这些方法只要利用得当，也能达到同样的谈判目的。

威胁术，迫使对方就范

在实际谈判中，有时候我们会运用到“威胁术”，指的就是在谈判中提出一些具有侵略性的提议，强迫对手同意，或者利用善意的威胁手段改变对手的谈判期望值。心理学家认为，尽管愤怒和激烈的言辞可能在谈判中吓退对手，但冷静的威胁术才是让对方乖乖就范的有效手段。在谈判过程中，谈判者对于将来的行为作出的有条件的提议或表示，以迫使对方接受某种结果或限制对方的选择。

所以，我们又可以说，谈判中的“威胁”是谈判一方逼迫另一方让步的一种做法。同时，“威胁”会让受“威胁”的一方感到一种压力，这种压力迫使其重新调整自己的期望值，最终并作出一定的让步，这就是“威胁”所需要达到的目的。我们会把这种“威胁”称为“冷静威胁”，那是因为我们并不是真的在“威胁”对方，而是希望通过向对方施加压力而达到一定的谈判目标，所以是善意的。

Everett Collection发表在《应用心理学杂志》上的研究结果表示，虽然愤怒和激烈的语言都可能在谈判中让对方无话可说，不过以冷静语言进行“威胁”，特别是在谈判的最后关头，却被证明是让对方乖乖就范的最佳手段。

这项研究以三组实验为基础，实验对象有300多人。欧洲工商管理学院、斯坦福大学、美国西北大学以及其他机构的研究者共同实施了这项实验。实验对象需要同电脑讨价还价，而电脑会以两种方式与实验者谈判，一种是十分愤怒：你提出的条件让我十分愤怒，我快要疯了；另外一种则是以不带感情色彩的言辞“威胁”并发出最后通牒：这是我的条件，不接受的话就算了。结果研究人员发现，参与者在面对冷静“威胁”而不是愤怒时更容易让步。

不过，我们不要简单地以为“冷静威胁”只会对对方有影响，因为“威胁”通常不仅仅是对受“威胁”的一方形成压力，而且也会对施加“威胁”的一方产生一定的影响。实际上，在达到“威胁”目的的过程中，“威胁”需要与包含不可逆转的承诺价值的行动是联系在一起的，也就是“威胁”必须是可以置信的。

作为“威胁”者，我们需要认清一个道理。那就是威胁在限制和减少对方选择的同时，也限制了自己可以作出的行动和选择，所以，威胁是具有两面性的。当我们发出的威胁并不能达到预期目的时，我们就需要放弃威胁，否则，固执地使用善意的威胁，只会把自己和对方逼进死胡同。在放弃威胁的时候，我们可以重新表明态度并暗示背景已经改变，自然地让威胁销声匿迹，或者以更含蓄的方式来重申威胁，这样才能做到不损伤己方的尊严以及双边关系。

谈判虽然在表现形式上往往只是语言交锋的过程，但实质上却是一场心理的较量。在商务谈判过程中，经常会通过心理战使对方心里不舒服。在谈判中的善意威胁，就是通过威胁把对手击垮，使对方潜意识里希望尽快完成谈判协议，并在压力下作出退让。通过威胁来向对方施加压力，很有可能会迫使对方作出让步。可以把对方的所作所为将会产生的后果列出来，这样似乎更适宜。

谈判心理策略分析：

1. 进攻性的积极提问

谈判中为了防止过早地暴露自己，双方都会尽可能保守秘密。这时候，你可以保持极大的兴趣转入进攻性的提问，一旦进入了提问状态，对方就会感到莫大的压力。

2. “威胁”需要有度

在实际谈判中，我们之所以说是“冷静威胁”，那是因为这样的威胁是需要有分寸的。如果“威胁”变成了赤裸裸的威胁，那就会让威胁变质，俗话说：“狗急了也会跳墙。”当我们的严重威胁给予对方强大的压力之后，所带来的是相反的效果，那无疑是两败俱伤。因此，大部分的威胁只是警告，假如你不敢确信自己所作出的威胁是否可以产生预期效果的时候，最好以委婉的方式表达出来，否则就是自掘坟墓。

3. 权限抑制

如果想让对方在急于求成的情况下遭遇挫折，从而降低期望值而作出让步，你可以将并不在谈判桌上的“上级”或“第三者”抬出来，声称某些问题你无权决定，然后借口上司或有关负责人认为对方条件太“苛刻”，不予批准等理由，迫使对方作出让步。

4. 冷静威胁的方式

在实际谈判中所使用的冷静威胁的方式，其实赌的就是心理承受能力。在这里，我们列举三种威胁方式：压迫式威胁，所指的是威胁方实施威胁后与不实施威胁时给自己造成的利益损失相等的一种威胁方式；自残式威胁，所指的是威胁方真正实施威胁后，他自己所遭受的损失要大于或等于威胁方所在遭受的损失，也就是我们常说的“两败俱伤”；胁迫式威胁，所指的是谈判一方在实施威胁后给自己可能造成的利益损失大于不实施威胁时的损失，不过却小于给对方造成的利益损失。

5. 最后通牒

在谈判中，可以向对方发出己方不能再作让步或再等待的最后声明，这种策略由于态度比较鲜明，对于降低对方的期望值，增加对方害怕失去这次合作机会的心理压力，对于促使对方接受我方条件或者作出让步都是很有效果的。

巧示弱，唤起对方的恻隐之心

在生活中，人们总是同情和怜悯弱者，不愿意做落井下石之人，在这样的情况下，假如我们以弱者的身份提出一些要求，那就容易得到对方的应许。在实际谈判中，在对方就某个问题要求我们让步的时候，如果我们没有正当理由进行拒绝，不过又不愿意在这方面做出让步，那就可以装出一副可怜的样子向他们请求，如果我们的说法让对方觉得可信，那对方极有可能因心软而做出让步。在谈判陷入无法进展的情况下，这个方法是值得尝试的。

人们总是不由自主地同情弱者，不愿意袖手旁观置之于不顾，而比较容易答应弱者的请求。当对方正犹豫不决的时候，我们不妨开口就“装可怜”，激起对方的保护欲，一旦对方觉得你的说法真实可信，他很有可能就会作出让步，答应你的请求。在谈判中，要放得下面子，做个可怜人，以情乞悯，以达到自己的目的。

谈判实景一：

鲍尔温交通公司总裁福克兰，在年轻的时候因巧妙处理了一项公司的业务而青云而上。他当时是一个机车工厂的普通职员，由于他的建议，公司买下了一块地皮，准备建造一座办公大楼。居住在这块土地上的100户居民，都得因此而迁移地方。但是居民中有一位爱尔兰的老妇人，却首先跳出来与机车工厂作对。在她的带领下，许多人都拒绝搬走，而且这些人抱成一团，决心与机车工厂一拼到底。福克兰对工厂领导说："如果我们建议通过法律途径来解决问题，就费时费钱。我们更不能采用其他强硬的办法，以硬对硬，驱逐他们，这样我们将会增加更多仇人，即使建成大楼，我们也将不得安宁。这件事还是交给我来处理吧！"

这一天，他来到了老妇人家门前，坐在石阶上独自地流起了眼泪。这种行为自然引起了老妇人的注意。良久，她开口发问："年轻人，有什么伤心事吗？说出来，我一定能帮助你。"福克兰趁机走上前去，他擦擦眼泪，没有直接回答她的问题，却说："您在这时无事可做，真是天大的浪费呀！我知道您有很强的领导能力，实在是应该抓紧时间干成一番大事业的。听说这里要建造新大楼，您是不是准备发挥超人才能，做一件连法官、总统都难以做成的事：劝您的邻居们，让他们找一个快乐的地方永久居住下去。这样，大家一定会记得您的好处的呀！"第二天，这个强硬顽固的爱尔兰老妇人便成了全费城最忙碌的妇人了。她到处寻觅房屋，指挥她的邻人搬走，并把一切办得稳稳妥妥。办公大楼很快便开始破土动工了。而工厂在住房搬迁过程中，不仅速度大大加快，而且所付的代价竟只有预算的一半。

在这个案例中，福克兰装出一副可怜的样子，用哭声打动了老妇人的心，使对方心甘情愿地为福克兰办成一件大事。事实上，在实际谈判中，我们要善于抓住人性的弱点，这样就能迫使对方做出利于己方的重要让步。

谈判实景二：

汽车巨头亨利·福特公司的贸易业务很忙。他们的桌子上总是堆满了各种催账单。福特每次都是大概看一眼后，就把账单扔在桌子上，对经理说：“你们看着办吧，我也不知道该先付谁的好！”但是有一次，他从一大堆的催账单中抽出一张对财务经理说：“马上付给他！”这是一张传真来的账单，除了列明货物标的、价格、金额外，在大面积空白处还画着一个头像，头像正在滴着眼泪。“看看，人家都流泪了，”福特说，“以最快的方式付给他吧！”

我们谁都明白，这个催账人并非真的在流泪，他之所以急着催账，有可能是另有隐情或者急需资金，但是，那催账单上几滴泪珠能够迅速引起他人的重视，以最快的速度要回了大笔的贷款。由此可见，“装可怜”的威力实在是不能小看啊！

谈判心理策略分析：

1. 开口装可怜

在日常生活中，当人们在讲述自己经历过的生活，比如幼年丧父、生活艰苦等不幸的经历，旁边的人都会不由自主地宽慰，并给予一定的帮助。装可怜虽然并不是被人们常用的一种方法，但却是非常有效的一种方法。所以，我们在实际谈判过程中，应该巧妙地运用这一方法，开口“装可怜”，激起对方的保护欲，换取对方因怜悯而做出让步。

2. 用哭声打动对方

三国时期，蜀主刘备是精于哭道的高手，于是，有人戏称“刘备的江山是哭出来的”。虽然，这样的说法有失偏颇，但是，“哭”的确是谈判中的“秘密武器”，在提出自己诉求的时候，不失时机地流下几滴眼泪，会激发对方的保护欲，必然会爽快地答应你的请求。

3. 先批评自己

在进行实际谈判的时候，你率先就自我批评“不好意思，都是我不好，把这样的事情告诉你，给你带来了麻烦”，不妨装一下可怜，使对方产生同情，以此来达到自己所想要的目的。

4. 表示自己的无助

在提出自己诉求的过程中，你不妨通过语言表现自己的无助，比如“我也是没有办法，不然，我是无论如何都不会来麻烦你了，还希望你能够帮我这个忙”“现在我是一点办法都没有了，希望你能在这个问题上做出让步，否则我没法回去交差啊”，对方看到你无助的样子，定会毫不犹豫地答应你请求。

绵里藏针，打好“交锋战”

语言是人们进行思想情感交流的重要工具，而语言的表达方式则是多种多样，时而柔和，时而犀利，时而强势。在这其中，舌战是人们语言的激烈形式之一，同时，舌战也是一场智力的较量，这时候我们需要运用“犀利”的语言，适时说一些“硬话”。犀利的语言是指在语言表达的内容中有比较犀利的成分，相应地对语调、语气都有特殊的要求。把犀利的语言隐藏在话语中，通过语言真正击中对方的要害，使其有所顾忌，令其知难而退，最终达到征服对手的目的。

谈判实景一：

春秋时期，秦国准备袭击郑国，走到渭同时，这个消息被郑国的商人弦高知道了。弦高原打算去周国做买卖，但他不忍心自己的国家蒙受损失，便打算劝秦国主将改变主意。弦高知道，如果以硬对硬，肯定会适得其反。于是，他带着4张熟牛皮作礼物，又赶了12头牛去犒赏秦军。他故作恭敬地说：“我国国君听说您将行军经过敝国，特地派我来犒劳您。”

虽然弦高这话说得十分客气，但字里行间却透露出强硬的语气，他的弦外之音是你们要偷袭郑国，但这个消息已经走漏出去了，郑国早已经有了准备，由于秦强郑弱，郑国才派出了使者慰劳秦军，以尽礼仪之道，如果秦国不识相，那就只好兵刃相见了。他那软中带硬的语气，无一不透露出犀利的意味，语言内容中带着比较强硬的成分，令秦军刮目相看。

在谈判过程中，我们经常会使用到一些强硬的谈判语言。通常谈判者将商讨看成是一种智慧、意志与口才的较量，不把对手看成合作对象，而是当成“敌人”。在某些特定的谈判场合中，立场越坚定、语气越强硬，压倒对方大获全胜的可能性就越大，机会就越多。

谈判实景二：

1984年，里根为了竞选总统，与对手蒙代尔就展开了一场电视论辩。在论辩中蒙代尔自恃年轻力壮，竭力攻击里根年龄大，不适宜担此重任。里根回答说：“蒙代尔说我年龄大而精力不充沛，我想我是不会把对手的年轻、不成熟这类问题在竞选中加以利用的。”如此一句绝妙的回答立即间博得全场的热烈掌声，到了论辩结束之后，里根胜利地当选总统。

面对蒙代尔的攻击，作为年长者的里根如果以牙还牙，开口大骂，这样会有失身份，但如果装聋作哑，那么在蒙代尔的锐气面前又显得气势低下了。于是，里根客气地予以了反击，犀利的语言中抨击了蒙代尔作为年轻人的浅薄和狭隘。貌似客气的一番说辞，却毫不客气地一针见血地指出了对方的“不成熟”，有力地反击了对手，在观众面前树立了自己更能胜任总统的印象，那他强硬的语言，使得自己最终赢得了胜利。

当谈判者遭遇对抗性的谈判，在自己一方占绝对优势，掌握主动权时，或被逼上梁山、准备背水一战时，不妨采用强硬的谈判语言，不过不宜滥用。假如在商务谈判中遭遇强硬的对手，可采取在语言上针锋相对，据理力争，坚决不示弱，先打掉对方的气焰，也可采取以柔克刚，避免矛盾激化，令对方不好意思强硬到底，从而改变说话的态度，以便谈判顺利进行。

谈判心理策略分析：

1. 柔中带硬的语气

为了使整个语言表达彰显出犀利的语风，我们在说话时需要使用柔中带硬的语气。换句话说，我们说话的态度是柔和的，但话语中却包含着强硬的成分，这样犀利的语风会令对方刮目相看，比如“听你这么一说，我确实没有见过你们这样独特的礼貌方式”。

2. 巧用“绵里藏针”

我们在说话时需要巧用“绵里藏针”，关键在于你的“针”既要硬，又要扎得准，这样才能击中对方的要害，令其刮目相看。

3. 委婉含蓄的表达

犀利的语风是隐藏在字里行间，不需要直接用强硬的话说出来，因而，我们在进行语言表达的时候，需要使用委婉含蓄的表达方式，把话说得很艺术，又能对他人心里造成影响，让对方明白你话里的锋芒所在。

柔情效应，融化对方冰冷的心

老子有一次讲学，问他的学生，是小草强大还是大树强大，学生说大树强大。老子又问，那大风来了是小草先倒还是大树先倒。学生说大树先倒。老子问是牙齿坚硬还是舌头坚硬，学生说牙齿比较尖利。老子说：我这个年龄牙齿不在了舌头犹存。“我这个年龄了牙齿不在了舌头犹存”，老子阐述出“以柔克刚”的深刻道理。其实，我们在谈判的过程中，也需要运用“以柔克刚”。当我们在使用强硬语风的时候，需要考虑对方是否能听进去，语言的威慑力再大但对方听不进去也是枉然，这时候，不妨使用柔和的语风，适应对方让对方听进去，这样才能有效地融化对手心中的冰山，达到说服对方的目的。

在语言表达过程中，能够最快影响他人心理的方法不是最直接的方法，而是迂回曲折的方法。在谈判的过程中，刚硬的语风也很有影响力，但对方不一定能听的进去；柔软的语风在说话之前可能需要花功夫润色，但对方却能够听进去。

谈判实景一：

魏征在朝廷上与唐太宗争得面红耳赤。“总有一天，我非杀了这个乡巴佬不可！”太宗回到后宫后愤愤地说。“这个乡巴佬是谁？”长孙皇后连忙问道。“当然是魏征！他总是当着众臣的面侮辱我，实在是让我难堪！”长孙皇后听后立即退了下去。过了一会，她换了一身上朝的礼服，走到太宗面前叩拜道贺。“你这是什么意思？”太宗疑惑地问。“我听说，只有明君之下才会有忠直的臣子，”长孙皇后认真地说，“现在魏征敢于直言进谏，是因为陛下贤明之故，我怎能不庆贺呢？”太宗听后转怒为喜，决定重用魏征。

《墨子·贵义》中有：“以其言非吾言者，是犹以卵投石也，尽天下之卵，其石犹是也，不可毁也。”太宗正在气头之上，硬碰硬地为魏征求情显然是没有用的，长孙皇后从另外一个角度出发，通过柔和的语风，以柔克刚的劝谏，及时说服了太宗，挽救了忠臣魏征的性命。

在谈判过程中，在说服他人的时候，最忌讳的就是直来直去，以刚硬的语风来表达自己的意见，这样即使自己真的有理往往也得不到妥善的解决。这时候，我们需要以柔和的语风来对付对方锐不可当的气势，以达到说服对方的目的。

谈判实景二：

有一次，陶行知校长在学校见到两个男同学在打架，便让其中挑起事端的那个同学到校长办公室一趟。陶校长到了后，那男生已经站在那儿了。陶校长便说：“你在我之前到，说明你很讲信用，这块糖奖给你。”那男生原以为会听到严厉的批评，结果吃了一惊。陶校长又继续说：“我调查了一下，你打那个同学，是因为他欺负女生，这说明你很有正义感，这块糖也是奖给你的。”说着又掏出了一块糖。那男生再也忍不住了，哭了起来，边哭边说：“这事我不对，我不应该动手打人。”陶校长一听，又掏出一块糖，说：“我还没有说，你自己就能认识到错误。这块糖也是奖给你的。”

陶行知校长用柔和的语风对男同学的错误行为进行了批评教育，所达到的效果却非常好。试想，如果他以刚硬的语风将男同学批评一顿，那肯定会激起男同学的逆反之心。其实，无论是在说服对方还是在谈判的时候，我们都应该以柔和的语风来打动对方，毕竟柔和的语风会显得更有威慑力。

在日常生活中我们可以发现，人们通常比较尊敬那些说话柔和的人，的确是这样的道理。柔和的语风，在遣词造句、声调、语气上都有一些特别的要求，比如，在交谈时要使用谦词敬语、礼貌用语、赞美词，以表示尊重对方的感情和人格，赢得好感。但同时，语言内在的威慑力却没有因为言辞的柔和而受到丝毫的影响。所以，在实际谈判过程中，我们要善于运用以柔克刚的语风，令对方折服。

谈判心理策略分析：

1. 放低姿态

我们在进行语言表达的时候，需要把自己的姿态放低，这样才能表达出“柔和”的语风。比如“我只不过是个小科长，还是个副的，手里能有多大的权力？”降低对方的警惕性，以柔克刚，影响其心理，达到说服对方的目的。

2. 语气温和

我们在交谈中使用敬语谦词，礼貌用语，以表示对对方的尊重，语气谦逊，赢得好感。比如“您好，我已学了不少电器方面的知识，您看哪个方面还有差距，我一项项来弥补。”

3. 声调恳切

柔和的语风还需要恳切的声调，这样才更容易打动对方。比如“天气这么热我花大价钱办一笔赔本的买卖，我也担不起这个责任，还希望你能够高抬贵手”，这样柔和的表达，对方很难以拒绝。

强势语言，给对方一个有力的震慑

在某些场合，为了达到说服对方的目的，我们需要适时运用强势的语言表达一种坚定的立场，迫使对方听命于我们。虽然，在日常交际场合，我们并不提倡用强势的语言，因为这或多或少会给对方造成一定的伤害。但是，在一些特殊的场合，比如谈判场合，就需要运用强势的语风。俗话说："商场如战场。"谁利用语言占据了上风，谁就会成为最后的大赢家，这时候，强势的语言会成为一种巨大的力量，它会向对方施加一定的压力，迫使对方妥协，最终达到自己的目的。所以，在一些比较特别的场合，我们可以运用强势的语言，迫使对方听命于自己。

在很多时候，人们好像误解了"强势语言"这一说法。于是，他们对于别人的事情都要强势过问，说话语气也很强势，口头禅经常是"你错了"、"我跟你说"，或者在说话时喜欢用食指戳着对方，总想教导对方怎么样，不管对方听不听，等等，其实，这样的行为只能表现出你是一个强势的人，不会真正地使对方服从于你。真正强势的语言是巧用"坚定的语调、鄙人的语气"，呈现出强势的态度。

谈判实景：

日本一家著名的汽车公司在美国刚刚"登陆"时，急需找一家美国代理商来为其销售产品，以弥补他们不了解美国市场的缺陷。当日本汽车公司准备与美国的一家公司就这个问题进行谈判时，不料日本公司的谈判代表因路上塞车迟到了。

美国公司的代表紧抓住这件事不放，想要以此获取更多的优惠条件。日本公司的代表发现无路可退，于是站起来说："我们非常抱歉耽误了你的时间，不过，这绝非我们的本意，我们对美国的交通状况了解不足，所以导致了这个不愉快的结果，我希望我们不要再为这个无谓的问题耽误宝贵的时间了。假如因为这件事怀疑到我们合作的诚意，那么，我们只好结束这次谈判。我认为，我们所提出的优惠代理条件是不会在美国找不到合作伙伴的。"

日本代表的一席话说得美国代理商哑口无言，美国人也不想失去这次赚钱的机会，于是谈判顺利地进行下去了。

谈判过程中的适时强势就是通过语言或行为来表达己方强硬的姿态，从而获得对方必要的尊重，并借以制造心理优势，促使谈判顺利地进行下去。当然，我们在使用这一谈判策略的时候，一定要谨慎，假如在谈判开始就想办法显示自己的实力，使谈判一开始就处于剑拔弩张的气氛中，那会给整个谈判带来不利的影响。当我们需要使用强势的语言时，是在发现谈判对手在刻意制造低调气氛，这种气氛对己方的谈判十分不利，假如不把这种气氛扭转过来，那将会损失自己的利益。

谈判心理策略分析：

那如何才能让语言彰显出一种逼迫人的强势力量呢？

1. 长话短说

我们在进行语言表达的时候，尽可能“长话短说”，只需要把自己的意见表达清楚即可，无需在那里啰唆，一旦你说得太多，就有可能会消减“强势”的语风。比如“在这个问题上，没有什么可商量的”。

2. 逼人的语调

为了增添强势的语风，我们需要使用“咄咄逼人”的语调，向对方施加一定的压力，影响其心理，迫使对方作出让步，最终达到自己的目的。

3. 毋庸置疑的语调

当我们在阐述自己的意见或想法的时候，需要运用毋庸置疑的语气，坚定自己的立场，这样的语言表达方式自然令对方感受到压力，不得不服从于我们。

第11章

破除障碍，打破僵局——化解窘境的策略

在实际谈判中，僵局是一种客观存在，不能完全避免，不过一旦出现了也不要惊慌失措。导致僵局产生的原因有很多，而根据不同的原因，僵局可以分为不同的类型，只有认清了僵局的缘由，然后对症下药，采取灵活而又具有针对性的策略，才能化险为夷。

缓和场面，打破僵局

有时候，在商务谈判过程中，由于双方所谈问题的利益要求差距比较大，而彼此又不肯做出让步，导致了双方因暂时不可调和的矛盾而形成了针锋相对的局面。谈判桌上之所以出现这样的局面，其原因是双方的观点、立场的交锋是持续不断的，当利益冲突变得不可调和的时候，僵局便出现了。当僵局出现后，如果不进行及时地处理，就会对接下来谈判顺利进行产生不利的影响。当然，谈判过程中出现针锋相对的局面，并不等于谈判的破裂，不过，它会严重影响到谈判的进程，在这时，我们需要灵巧地缓和场面，突破僵局，适时选择有效的方案，重新回到谈判桌上来。

有时候，谈判的一方会故意制造僵局，他们有意给对方出难题，搅乱视听，甚至引发争吵，这样，迫使对方放弃自己的谈判目标而向自己的目标靠近；有时候，则是双方对某一问题各持自己的看法和主张，产生了意见分歧，这样，越是坚持各自的立场，双方之间的分歧就会越大。当然，不管出于何种原因导致的僵局，作为谈判的一方，我们应该及时缓解局面，以灵巧的策略缓和场面，促进谈判的顺利进行。

谈判实景一：

卡普尔任美国电报电话公司负责人的时候，在一次董事会上，众位董事对他的领导方式提出了质疑，顿时，会议气氛变得异常紧张。

一位女董事率先发难："公司去年的福利，你支出了多少？"卡普尔回答说："900万美元。"那位女董事当场惊叫起来："天啊，你疯了，我真受不了。"听到如此尖刻的发难，卡普尔轻松地回了一句："我看那样倒好！"这时，会场意外地爆发了一阵笑声，就连那位女董事也忍俊不禁，而紧张的气氛也随之缓和了下来。

谈判是正式的谈话，很容易在彼此之间形成一种严肃而又紧张的气氛。当谈判的一方就某个问题发生争执，各持己见，互不相让，横眉冷对，这样的环境更容易使人产生压抑的感觉。当然，谈判代表一旦处于这样的心境，是很不利于整个谈判的进行的。这时，不妨幽默一下，以巧言缓解僵局，将原本严肃而紧张的气氛变得愉快、和谐，那么，谈判桌上争论了几个小时无法解决的问题，在这里或许就会迎刃而解了。

谈判实景二：

某跨国公司总裁访问一家中国著名的制造企业，商讨合作发展事宜。中方总经理很自豪地向客人介绍说："我公司是中国二级企业……"这时，翻译人员很自然地用"Second—Class Enterprise"来表述。

不料，该跨国公司总裁闻此言，本来兴致很高的他突然间变得冷淡起来，敷衍了几句立即起身告辞。在回去的路上，他抱怨道："我怎么能同一个中国的二流企业合作?"

在谈判过程中，有时候就连一个小小的沟通障碍，也会直接影响到谈判的顺利进行。而一旦遭遇了僵局，整个谈判场面冷掉了，如同结了冰的河流，交流无法继续。这时候，如果处理不好就会导致谈判无法顺利进行，所以，不妨巧言一句"破冰"开，不仅能够很好地化解尴尬、窘境，而且还会使交流更畅通无阻。

谈判心理策略分析：

在谈判过程中，针锋相对的局面随时都有可能发生，任何话题都有可能形成分歧与对立。从表面上看，僵局产生往往是防不胜防的，但其实，真正令谈判陷入危机的是由于双方感到在多方面谈判中期望相差甚远。对此，谈判专家总结说："许多谈判陷入僵局和破裂是由于细微的事情引起的，诸如谈判双方性格的差异、怕丢面子，以及个人的权力限制，等等。"

1. 冷静思考

在谈判过程中，有的人会脱离客观实际，盲目地坚持自己的主观立场，甚至，他忘记了自己的出发点。由于固执己见，往往会引发矛盾，当矛盾激化到一定程度就会形成僵局。所以，谈判的一方在处理僵局的时候，要防止过激情绪所带来的干扰。在僵局出现的时候，要头脑冷静，这样才能理清头绪，正确分析问题，也才能有效打破僵局。

2. 协调双方的利益

当谈判双方在同一个问题上发生尖锐对立，且各自有自己的理由，谁也说服不了对方，有不能接受对方提出的条件，从而使整个谈判陷入了针锋相对的局面。这时候，作为谈判的一方，应认真分析双方的利益所在，只有平衡了彼此的利益关系，才有可能打破僵局。有效的方法是：双方从各自的眼前利益和长远利益两个方面来看问题，协调平衡，寻找出双方都能接受的平衡点，达成最终的协议。

3. 顺水推舟

有时候，对方无意之中出了糗，感到很尴尬，这时候你不妨顺着他这个糗事，使当事人摆脱尴尬。比如，服务员不小心把酒洒到了将军的秃头上，将军只是笑着说“小伙子，我这脑袋秃了二十多年，你这个方法我也试过，可是根本不管用，但还是谢谢你！”

4. 巧借情景做文章

有时候，会遭遇突发事件，若处理不当就会导致尴尬，这时候可以采用“情景法”。比如，大学教授跌倒了，引来同学们哄堂大笑，但他却说：“人生就是这样，跌倒了爬起来，再跌倒了再爬起来。这样，你才会更坚强，更成熟。”

如何化解来自对方的挑衅

在谈判过程中，有时候我们会遇到对方的挑刺或者故意刁难，这时不可避免地会将自己陷入困境中。在这样的情况下，我们该如何扭转乾坤，让那些故意刁难者知难而退呢？其实，这也需要一定的思维能力，快速地想到扭转局势的办法，否则如果你只是傻傻地在那里站着，那只会让那些故意为难你的人更得意，同时，也会让所有的听众看笑话。当然，这需要一定的方法以及技巧，才能巧妙地化解尴尬，为自己解围。

在谈判场合，如果你遭受到了听众不是善意的顶撞、攻击、讽刺挖苦或者出言不逊时，这时不需要以牙还牙，针锋相对，这样会让局面发展到更加不可收拾的地步。而是需要将对方的讥讽之词当作前提，作为铺垫，作为条件，顺势表达出自己内心的看法。

谈判实景：

美国曾有个政界要人叫凯升，20世纪40年代他首次在众议院里发表演讲时，打扮得土里土气，因为他刚从西部乡村赶来。

一个善于挖苦讽刺的议员，在他演讲时插嘴说："这个伊利诺伊州来的人，口袋里一定装满了麦子吧？"这句话引起哄堂大笑。

凯升并没有因此怯场，他很坦然地回答说："是的，我不仅口袋里装满了麦子，而且头发里还藏着许多菜籽儿呢。我们住在西部的人，多数是土里土气的。不过我们虽然藏的是麦子和菜籽儿，却能够长出很好的苗来！"

这句话立刻使凯升的大名传遍全国，大家给他一个外号："伊利诺伊州的菜籽儿议员。"这位菜籽儿议员采用的正是顺势牵引法。他深知顺势的道理，把对方的冷嘲热讽当做可以利用的交通工具，顺路搭车，一路顺风地抵达了自己的目的地。

谈判策略心理分析：

那么，在日常谈判场合中，我们该如何利用思维能力来替自己解围呢?

1. 顺势牵引

顺势牵引法的特色是不作正面抗衡，而是在迂回的交谈中，顺着对方的话说下去，借力胜敌，从而成功达到自己的目的。有时说话者在面对对方不怀好意的提问，不要针锋相对，也不要给予他正面回答，而是巧妙采用迂回的战术，顺着对方的话说下去，把对方的讽刺挖苦当做可以利用的工具。顺势牵引，然后再找出反驳的话语来，打消对方的气焰，使自己摆脱困境。

2. 顺水推舟

对手中难免有恶意的刁难者，他们会在说话过程中故意提出一些带歧视、轻视、敌视性的问题。对待这些刁难者，说话者不能像对待善意的质疑者那样，而是应该不客气地给予回击。但是这样的回击要很讲究技巧性，不能直接回击，而是需要灵活采用顺水推舟的方法。比如，你会面对一些刁难者的恶意提问，如果你不顺水推舟把问题巧妙地回答了，他就有可能提出更尖锐的问题。

3. 避实就虚

有时候你不需要正面去回答那些故意刁难的问题，你可以避开要害问题，谈论一些无关紧要的话题，可以转移人们的注意力。

4. 欲扬先抑

有时候，谈判对手会提出一些很刁钻的问题，可能你的回答会恰好地中了他的圈套，这时你不妨先承认他的观点，然后再巧妙地提出你的观点使他接受。

话语失误，以幽默语言轻松化解

俗话说："人有失足，马有失蹄。"在日常谈判中，总会出现话语失误的现象，这是不可避免的。虽然，这其中的原因是各不相同，但话语失误所造成的后果却是极为相似的，或贻笑大方，或纠纷四起，甚至难以挽回。尤其是在谈判的过程中，假如你无心造成了言语失误，那可是相当尴尬的情形，因为对方就坐在你对面，你还能怎么办呢？说出去的话就犹如泼出去的水，覆水难收。但有时我们还是可以挽回场面的，这就需要敏捷的思维能力了，也就是看脑子转得快不快了。失言是一种话语表达的错误，只要你能及时找到挽救的方法来进行补救，就在某种程度上能降低失言带来的严重后果。

谈判实景一：

司马昭与阮籍正在上早朝，忽然有侍者前来报告："有人杀死了你的母亲！"放荡不羁的阮籍不假思索便说："杀父亲也就罢了，怎么能杀母亲呢？"此言一出，满朝文武大哗，认为他"有悖孝道"。阮籍也意识到自己言语的失误，忙解释说："我的意思是说，禽兽才知其母而不知其父。杀父就如同禽兽一般，杀母呢？就连禽兽也不如了。"一席话，竟使众人无可辩驳，而阮籍避免了杀身之祸。

当庭言语失误，这是何等的严重，稍有甚者就会惹来杀身之祸。不过阮籍是何等的机智与聪明，他凭借着敏捷的思维及时补救了自己的言语失误，借题发挥，巧妙而幽默地平息了众人的怒气。在谈判过程中，失言后首先要做的就是采取一定的补救措施或矫正之术，去缓解言语失误带来的尴尬情形，否则你只会被听众所厌恶。

谈判实景二：

有一次，纪晓岚光着膀子与几人在军机处聊天，正巧乾隆带着几个随从突然到访，其他人一见皇帝来了，连忙上前接驾，躲在后面的纪晓岚心想：如果自己就这样光着膀子接驾，岂不是亵渎了万岁之罪？可能，皇帝并没有发现自己，还是先躲一下为好。于是，急忙之下，纪晓岚钻到了桌子底下藏了起来，其实这一举动被乾隆看在眼里，他故意装作没看见，却在椅子上坐了下来。

纪晓岚在桌子底下缩成一团，大汗淋漓，却不敢出声，过去了很长时间，他没听见乾隆说话的声音，以为他走了，就问身边的同僚："老头子走了没有？"这话被乾隆听见了，他厉声问道："纪晓岚，你见驾不接，我且不怪罪于你，你叫我'老头子'是什么意思？你要一个字、一个字地给我说清楚，否则，别怪我无情！"纪晓岚吓得半死，连称："死罪！死罪！"接着，慢慢解释道："万岁不要动怒，奴才所以称您为'老头子'，的确是出于对您的尊敬。先说'老'字，'万寿无疆'称'老'，我主是当今有道明君，天下臣民皆呼'万岁'，故此称您为'老'。"

乾隆听了点点头，纪晓岚继续说道："'顶天立地'称为'头'，我主是当今伟大人物，是天下万民之首，‘首’者，‘头’也。故此称您为‘头’。至于‘子’嘛，意义更明显。我主乃紫微星下界，紫微星，天之子也，因此天下臣民都称您为天‘子’。”乾隆听了，笑了，这事就这样过去了。

当着那么多的人对皇帝失言，那可是严重的事情，弄不好自己脑袋就要搬家了。但思维敏捷的纪晓岚却异常冷静，慢慢解释，补救自己的失言，在回答皇上的过程中，他言语诚恳，态度谦逊，语言幽默风趣，以灵敏的应变能力巧妙地化解了话语失误带来的难堪，而也受到了乾隆皇帝的肯定。

谈判心理策略分析：

在日常谈判中，一旦自己言语失误了，即便你尚未找到任何解决的办法，但只要能主动承认自己的失误，并向在场的谈判对手道“对不起”，如此定能赢得听众的喝彩声。反之，有的人言语失误了非但不觉得羞愧，反而说得更起劲，这样的人就只能让听众生厌了。

那对于谈判过程中的言语失当，该如何应付呢？

1. 寻找挽救的办法

言语失误了也可以挽救，你依然能够用语言来进行弥补，当然这其中是需要灵敏的思维以及绝妙的技巧的。只要你懂得随机应变，就能够弥补自己言语失误的过错，比如将错话加在他人头上“这是某些人的观点，我认为正确的说法应该是……”。又或者将错就错，干脆重复肯定，然后巧妙地改变错话的含义，将本来的错误变成正确的说法。

2. 诚恳道歉

如果是自己的无心造成了言语上的失误，形成了尴尬的局面，那我们应该诚恳地向对方道歉，以一份坦率的胸襟来面对自己的失误，以诚恳的态度赢得对方的认可。

机智应对，灵活打破僵局

在商务谈判过程中，尤其是在谈判进入实质性磋商阶段之后，谈判双方往往会由于某种原因僵持不下，陷入进退两难的境地，我们通常称为“谈判僵局”。尽管双方都不希望出现僵局，不过实际上谈判僵局却是常常发生的。僵局的持续肯定会给谈判双方带来极大的压力，甚至导致谈判败局的产生。所以，一旦僵局形成之后，必须进行快速的处理，而要想妥善地处理僵局，就必须对僵局的性质、产生的原因等问题进行透彻的了解和分析。然后加以正确地判断，按照僵局的情形采取相应的策略和技巧，选择有效的方案，使得谈判得以继续。

谈判实景一：

一个果品公司业务员到苹果产地与一位老果农谈判收购价格。业务员问：“多少钱一斤？”老果农回答说：“8毛。”业务员问：“6毛钱行吗？”固执的老果农回答说：“少一分钱都不卖。”业务员继续问：“你别老抠了，做买卖咋像女人一样呢？来点痛快的。”老果农立即横眉冷对：“你小子才是女人！吃饱了撑得跑这儿来打架来了。”说完摩拳擦掌，业务员见阵势赶紧跑了，边跑还边说：“不卖拉倒，烂了活该！”

过了几天，果品公司派了另外一位业务员前来谈判，他先是客气地叫了声：“大爷，忙着呐。”然后一边掏出香烟恭恭敬敬地递上去了，然后聊起了地里的收成，业务员说：“农民不容易，辛辛苦苦就指望这时候有个进账了。”最后谈到了水果收购价格，业务员说：“咱们都是实诚人，交个朋友吧，6毛5我全包了。”结果，很快就做成了这笔买卖。

在这个谈判案例中，所使用的破冰策略就是“审时度势，及时换人”。谈判过程中通常不会换人，不过由于形式的忽然变化，谈判双方的感情伤害已经无法全面修复，一方对另一方不再信任之时，就要及时更换谈判代表。通过换人化解僵局，打开局面。己方由于涉及对方人格、人权、生活习惯或民族的政治的信仰，造成失误而为对方所不容，那先及时道歉甚至检讨，如果对方依然不接受那就更换谈判代表。

谈判实景二：

美国一家公司代表与中方某电缆厂购买无氧铜主机组合炉谈判时，报价从220万美元、150万美元下滑至130万美元，而中方代表依然不同意签约，于是美方代表大叫："你们毫无诚意，不谈了！"中方代表说："这样高价还谈什么诚意，我们早就不想再谈了。"对方见中方不为所动又坐下来交涉，下了最后通牒："120万美元，不能再降了！"结果谈判破裂，美方拿着已经订好的机票与中方做告别性会晤。

这时中方才拿出两年前美方以95万美元将组合炉卖给匈牙利的资料让对手看，美方惊叫道："这是两年前的事情了，现在价格自然上涨了。"中方代表反驳："不，物价上涨指数是每年6%，按此计算价格是106. 7万美元。"美方代表顿时瞠目结舌，想不到对方还有这样一手。最后，以107万美元成交。

谈判在陷入僵局之前，谈判的一方往往使出最后通牒这一招，迫使对方就范。这时己方不妨多听少说，多问少答，冷眼旁观，沉着应战。采用后发制人的策略，不到关键时刻不拿出撒手锏，等到时机一到，反戈一击，常常可以出奇制胜。

谈判心理策略分析：

在谈判出现僵局时，我们需要灵活应对：

1. 以柔克刚

有时候对方会有意识地制造僵局，目的在于试探己方的实力、决心和诚意，在这样的情形下，假如对方的开价在己方允许的范围之内，不妨以弱者的态度应对，不断声明自己的立场、观点和诚意，而且做一些小的让步以满足对方的虚荣心。你给对方面子了，自然顺势打破僵局。

2. 坚持原则

己方的底线已经到达了极致，别无他法，只有坚持原则，以硬碰硬。

因为对方把僵局当作一种策略使用，并非希望中断谈判无功而返。在你制造僵局的时候必须是他们对于你要他们的那些东西很感兴趣的时候，否则他们会不理睬你。谈判者遇到策略性僵局应当委婉地点破对方，让对方明白己方不是傻瓜，对其作为目的是心知肚明的，以求尽量理智地体面地冲破僵局。

3. 暂停休息

有些僵局往往是双方在商务谈判中由于激烈的气氛造成情绪失控所引发的，这大部分是由于言辞不当引发的僵局。比如一方说“价格太高，你们简直是漫天要价”，而另一方则反击“那你开的这个价格更是闻所未闻，难道要我白送给你”。于是，僵局出现了。

在谈判中双方就某个问题产生争执，矛盾尖锐、声调升级，情绪处于失控期，冷战变为热战，讨论问题变为人身攻击之时，需要及时休息，脱离接触。在心态上进行修复，时间缓冲一下，调整失控的心理以转换气氛，以免把僵局变成死局。

4. 诚恳面对

现代社会，生意往来越来越建立在人际关系的基础上，人们总是愿意和他所熟知的人，信任的人做买卖。所谓“买卖不成仁义在”，生意场上是对手，私下里是朋友，获得信赖的最重要的东西就是待人诚恳，当谈判陷入僵局之时，可通过一些有说服力的资料，诸如市场行情、产品质量、售后保证等以劝说、提醒、引导对方。只要你保持诚恳的态度，耐心说服，有理有据，那对方就会做出相应的让步，僵局随之消失。

5. 存异求同

在谈判过程中，对于涉及双方经济利益的重大分歧，往往在推进中会遇到巨大的障碍，稍有不慎就会陷入僵局。假如对方在质量上苛求你，那你就谈服务；假如对方在价格上逼迫你，那就谈质量；假如对方在服务上苛求你，那就谈条件；如果对方在条件上苛求你，那就谈价格。以迂为直，这就是智慧谈判家的技巧，聪明的谈判者总是在僵局中反复斟酌，冥思苦想，最后找到解决问题的钥匙。

巧装糊涂，避开窘境

无论是商业还是政治或者是其他活动，都离不开谈判，通过谈判而达成一致意见，签订协议并通过认真履行使双方获益。而谈判行为是一项很复杂的交际行为，它伴随着谈判者的言语行动、行为互动和心理互动等多方面的、多维度的错综交往。谈判过程中，作为代表一方利益的谈判者，你是否成功识别出对方的现实动机和长远目的、对方派出人员的权限乃至其心理状态、个性特征等，在很大程度上能影响着谈判的成败与否。

美国谈判学会主席、谈判专家尼尔伦伯格说，谈判是一个“合作的利己主义”的过程。而谈判的最终结果是，双方都必须按照谈判结果行事，这就要求谈判者应以一个真实身份出现在谈判行为的第一环节中，去赢得对方的依赖，继以把谈判活动完成下去。而事实上，双方都希望谈判结果能利于己，谈判者又很可能以假身份掩护自己、迷惑对手，取得胜利，这就使得本来很复杂的行为变得更加真真假假，真假相参，难以识别。

在这一谈判案例中，这位以胜利的农夫在面对强大的谈判阵容的时候并没有轻易就范，而是利用了其他农夫都急于结束谈判的心理，向他的对手们展开心理攻势，让对手急得像热锅上的蚂蚁，最终，在忍无可忍的情况下，这群农夫放弃了自己的立场：宣布被告无罪。

谈判中，对方说的每一句话对于我们来说，都可能是一个“套儿”。从这个角度看，领导者在谈判的时候，只有懂得从对方心理角度出发，在陷阱面前懂得说话迂回，才能操纵对方心理，并反败为胜，取得谈判的主动权。一场谈判如同一次战斗，要了解那么多的材料，并进行综合、分析、推理、决策，大家都没长前后眼，不能未卜先知，如果你一不小心，就会陷入对方设定的陷阱中，为此，懂得掌握对方心理，巧妙反击就很重要。

谈判心理策略分析：

那么，谈判者在谈判的时候，该如何回答才能绕开对方的语言雷区呢？

1. 委婉

对于不便于直率回答的问题，采用曲折的形式回答叫委婉含蓄法。

例如，一位曾经犯过错误的干部在调整工资中未得到升级。他气势汹汹地跑去找有关领导质问，这个领导轻轻地回答说：“我在会上念了这次升级的规定，你自己应该清楚不能升级的原因啊！”这位干部顿时满面通红，羞愧交加地走了。试想如果这位领导直率地说：“这是因为你犯了错误的原因啊！”这种回答势必会伤害这位干部的自尊心，收不到好的效果。同样，谈判中，对于对手提出的某些问题，如果觉得你不便直率回答，那么，也可以采取这种回答方式，既不伤感情，又态度明朗，能起到一箭双雕的作用。

2. 答非所问法

所谓答非所问法是指谈判者对对手提出的问题不便或不愿意回答，则回答其他的问题，将问话者所提的问题故意引开。答非所问在特定的场合中也是一种非常必要的答话技巧。

第12章

避开雷区，谨慎言谈——把握“度”的策略

谈判既是口才的角逐，也是智力的较量。谈判中哪些语言是最好慎重使用，哪些语言是禁止使用的呢？这些都需要很好地斟酌，有些禁忌语，一旦不小心使用，会引起对方的反感，有些表达方式常常将谈判带入僵局，谈判者如果不想因个人一语而让整个谈判陷入被动，就必须了解谈判桌上的语言禁忌。

思考周全再开口

人类与生俱来的弱点就是容易犯错误，无论科技如何发展，但一些事故却总是频繁发生。我们解决问题的方法变得越来越高明，相应地，我们所面临的麻烦也越来越严重。为了避免麻烦的产生，无论是说话还是做事，我们都应在事前尽可能想得全面一些，把事情想得周全，三思而后说，方能稳赢不败。在日常谈判中，我们应该谨言慎语，千万不要妄自尊大，要清楚你不可能成为上帝，不妨表现得谦虚一点、无知一点，周密说话，这样，事情才有可能成功。

谈判过程中，有的事情是出乎我们意料之外的，事情的变化将意味着我们思绪的变化，语言的变化，遇到难题，应该懂得灵活应变，说话前多想想，一旦情况有变，你也能说出周密之言来。当然，要想说“慎言”，还必须得有一个缜密的思维。如果一个人想事情总是那么固执，那么，他就很难说出周密而全面的话。另外，说话不要只顾自己的感受，任意而为，应该想想自己的语言会不会给他人带来一些麻烦。要想不给别人添麻烦，就需要考虑周全才开口，多方面考虑，多替别人想一想，这样我们做事的成功率就会大一些。

工程师爱德华·墨菲提出了“墨菲定律”，墨菲曾参加美国空军，在空军训练营里，他做了MX981实验，目的是为了测定人类对加速度的承受极限，其中有一个项目是将16个火箭加速度计悬空装置在受试者上方，令人感到奇怪的是，有人竟将16个加速度计全部装在错误的位置。对此，墨菲提出了这样一个著名的论断：“如果有两种或以上的选择，其中一种将导致灾难，则必定有人会做出这种选择。”通俗地说，事情如果有变坏的可能，不管这种可能性有多小，它总会发生。

或许，很多人不知道，任何事情都没有表面上看起来那么简单，所有的事情都比自己预计的时间长。在事情发展的过程中，如果你担心某种情况的发生，那么，它就更有可能发生。说话跟做事是一样的道理，尤其是在实际谈判中，我们需要考虑清楚，做到“慎言”，将话说得滴水不漏，方能稳得头筹。

谈判实景：

暑假期间，火车上十分拥挤。一位年轻姑娘中途上车，见对面座位上坐着三个年轻人，而边座正好空着，就走了过去问：“同志，这儿没人吧？”对方回答：“没有。”年轻姑娘于是放下东西，准备就座。不料，一个男青年竟突然把腿放到了座位上。姑娘一愣，问：“你这是为什么？”“因为你不会说话。”那个男青年故意刁难，“那么，请问该怎么说？”姑娘好意请教，对方眯起眼睛装腔作势地说：“看来你是井里的青蛙，没见过多大的天地。让大哥告诉你。你得这样说：‘大哥。这有人吗？小妹我坐这可以吗’哈哈哈……。”

说完，肆无忌惮地狂笑起来。姑娘脸上一阵发烧，心里很生气，但转念一想：“不对，有道是兵来将挡，水来土掩。你要滑嘴，我难道没口才不成？”于是，姑娘说：“听你这一说，我确实没有见过你们这种独特的‘礼貌’方式。不过，你们既然见过世面，又有自己独特的‘礼貌’方式，见了我，就应按你们的‘礼貌’方式办事才对。”“你说怎么办？”男青年不解地问，“那还不容易？看见我来了，就该起身肃立，躬身致礼，说：‘大姐，这儿没人，小弟请你赏脸，坐这可以吗？’咳，可惜呀，你连自己的‘礼貌’信条都做不到，还想教训别人，真是土里的蚯蚓，一点蓝天都没见过！”

谈判心理策略分析：

男青年自作聪明地擅自卖弄口舌，没想到一番唇枪舌剑之后，他话语中的把柄却被姑娘抓个正着。最后，姑娘短短几句话，就反击了男青年的“谬论”，语气中透露了讥讽之意。出现这样的结果，就在于男青年没有使用缜密的语言，想到什么就说什么，最终败在自己的言语陷阱里。

那么，在谈判过程中，我们如何才能将话说得更缜密呢？

1. 三思而后说

俗话说："三思而后行。"说话也一样，语言经过了大脑的思考才更有说服力，而且，也能经得起对方的"检验"。所以，在谈判场合，无论面对怎么样的谈判对象，我们都需要"三思而后说"，嘴边留个把门的，这样的言语才会显得缜密、谨慎。

2. 懂得随机应变

面对对方咄咄逼人的问题，有可能你会乱了阵脚，于是，那些不该说的就脱口而出。在这样的情况下，对方有可能会从你的话语中抓住把柄，并且伺机通过言语攻击里。因此，在面对别人的提问时，我们要懂得随机应变，把回答的话说得滴水不漏，让对方找不到把柄。

保持冷静，判断对方情绪变化

大多数的谈判者都是从一些虚假的数字开始的，双方希望谈判朝着对自己有利的方向发展。在某种程度上，利己就是损他，针锋相对是没办法避免的，不过，针锋相对，就意味着双方的情绪的直接较量，这个较量包含有两个方面：对自己情绪的控制，让自己不受眼前的问题的太多影响；判断对方的情绪变化，从而判断对方的底线和接受程度。

大多数有经验的谈判者通常都会控制自己的情绪，喜怒不形于色，而这也是他们赢得谈判成功的一个重要因素。谈判形势紧迫，不论采取何种方式来控制自己的情绪，都需要及时、有效地熄灭心中的怒火。如果任由情绪爆发，就会导致你说一些不应该说的话，做出一些不应该做的事情，到时候可谓是后悔莫及。即使情况已经非常糟糕，但还是镇定自若，这才算是谈判桌上的高明谈判者。在谈判中，任何的意气用事，都会给自己留下难以弥补的遗憾。

谈判实景：

中国某公司与日本某公司围绕进口农业加工机械设备，在上海著名的国际大厦进行了一场别开生面的谈判。基于双方心理变化，谈判一开始，日方先报价，首次报价为1000万日元，这是第一轮谈判。不过由于中方已经调查了国际行情，于是中方代表直接说：“这个报价不能作为谈判的基础。”对中方的这样回答，日方感到很吃惊，为了挽回局面，日方开始转移话题，介绍产品的优良质量。

而中方依然回答：“不知道贵国生产此种产品的公司有几家？贵公司的产品优于A国、B国的依据是什么？”顿时，日方陷入了尴尬的境地。不过日方还是忍住了，他暂时离席，然后神色自若地回到谈判桌前，问自己的助手：“这个报价是什么时候定的？”他的助手早有准备，对这样的问话自然是领会了，便说道：“以前定的。”于是日方主持人笑着解释说：“哦，时间太久了，不知道这个价格是否有变动，我们只好回去请示总经理了。”

实际上，在关于控制情绪策略这点，我们还可以在谈判过程中遇到无法摆脱的困境或其他必要的情况时，借助于突如其来的情绪宣泄，达到震住对方，促使其妥协的目标。

谈判心理策略分析：

1. 保持冷静

作为谈判者应该注意保持冷静、清醒的头脑。保持清醒的头脑就是保持自己敏锐的观察力、理智的思辨能力和言语行为的调控能力。一旦发现自己心绪不宁、思路不清、反应迟钝时应提出暂停谈判，通过休息、内部相互交换意见等办法让自己得以恢复良好的状态。

2. 保持正确的谈判动机

谈判者要始终保持正确的谈判动机，商务谈判是追求谈判的商务利益为目标的，而不是追求虚荣心的满足或其他个人实现，需要防止对手的讽刺、奚落或赞美中迷失了方向。

3. 对事不对人

谈判者在谈判过程中，需要将人和事分开，处理问题遵循实事求是的客观标准，避免为谈判对手真真假假、虚虚实实的手腕所迷惑，从而对谈判事物失去原本拥有的判断力。

别把自己的思想强加给对方

当今社会是一个重视自我的时代，每个人都有一个独立的认知观念和价值体系，平等和自由的思想成为了这个时代的共识。正所谓“己所不欲，勿施于人”，在这个讲究自由平等的时代里，每个人的思想都不愿意受到对方的控制和干涉，每个人的行动只会服从于个人的思想意识，而不受别人的支配和指使。这也就要求着我们在实际谈判过程中，需要照顾到谈判对手的自尊和心理。当我们在进行劝说和说服的时候，切忌不能生硬地将自己的思想强加给对方，而是需要运用合理的方式和方法。

谈判实景一：

晏子是春秋后期齐国著名的政治家，他不仅在治理国家上有着非凡的能力，同时也是一名出色的口才高手。他每次提出的建议，都能够得到国君的重视和采纳。其中的秘诀就在于，他从来不会直冲冲地将自己的想法强加给国君，而是能通过比较巧妙的方式让国君对一些错误的决定有一个清醒的认识，从而主动地去进行改正。

有一次，齐景公和晏子聊天，无意间问了一句：“您的家离市场这么近，知道现在什么东西最贵，什么东西最贱吗？”

晏子早就对齐景公的滥施酷刑有意见，当齐景公问起这件事的时候就灵机一动，一本正经地说：“启奏君上，现在市场上价格最贵的是假脚，最便宜的是鞋子！”

齐景公一听，感到十分纳闷，就说：“为什么假脚最贵鞋子最便宜呢？”

晏子回答说：“现在的老百姓犯法的太多了，有一些小的过失就会被砍去双脚，现在临淄大街上有很多这样的人，鞋子对他们来说是没有用的，而假脚却总是供不应求。”

齐景公听了半天说不出话来，最后自言自语地说：“是不是现在的刑法太重了，出现一些小的过失就被砍去双脚也实在太残忍了，这样，老百姓连改过自新的机会也没了……”于是第二天，就发布命令，废除了那些酷刑。

哪怕是在最宽松的气氛之中，想改变别人的主意也绝对不是一件容易的事。假如你想让个人的观点和建议，就要在技巧和方法上下工夫，让对方在无意的情境中接受你的建议。尤其是谈判中更是这样，因为每个人的思维和想法都是迥异的，当你在阐述自己观点时，请考虑一下对方的意见以及接受程度。

谈判实景二：

在生活中，一位丈夫对不整洁的妻子提意见说：“以后你出门的时候要多注意一下自己的形象，别和乞丐婆似的走在大街上，让人家笑话，也让我难堪。你看看邻居李先生的老婆哪天不是穿戴的整整齐齐的，你就不会和人家学学吗？”妻子听到这话肯定会感到不高兴的，她非但不会接受你的意见，反而还会反唇相讥：“学学人家？人家的丈夫可是大公司的老板，你有人家李先生的钱多吗？你要是成了亿万富翁，难道我还不会打扮？”

在上面这个案例中，妻子不是不知道自己的缺点，但是丈夫的这种表达方式无疑是在伤害她的自尊，为了捍卫自己的尊严，她也只能这样回敬丈夫，那么丈夫的劝说不仅没有达到预定的效果，反而还会加剧夫妻双方之间的矛盾。

谈判心理策略分析：

1. 提意见不宜直接

在我们的生活中，经常可以看到这样的情形。当你好心好意向对方提出建议的时候，对方听了却感到十分不高兴，其实这并不是说别人不识好歹，我们应该对自己的说话方式进行自我检讨。毕竟，只有为他人着想的良好愿望还是不够的，最重要的还是要选择一个合适的方式。聪明的人从来不会对别人说“你这样做不对”“事情应该是这样的”，因为那样做，只会引起争端，让别人产生敌视的心理。聪明的谈判者总是会选择一种比较巧妙的表达方式，让对方在没有任何思想压力的前提下去听取他的意见和建议。

2. 不要把自己的想法强加给对方

当你把自己的意见强加给谈判对手的时候，往往会让对方觉得你有一种自以为比别人聪明的心理，哪怕你的意见和建议是多么的合理合情，但是还是会让对方觉得你是在盛气凌人地压制他，从而不愿意接受你所说的每一句话每一个字。遇到这样的情况，你的谈判就会不可避免地陷入失败的悲剧之中，而且时间长了，你也会成为谈判场合不受欢迎的人。

学会尊重谈判对手

在交际场合，经常听到有人强调“口德”，什么是口德呢？最根本的一点就是在谈话中重视对方的存在，考虑他们的心理感受，在言语上不要刺伤他们的自尊心。我们应该知道，语言是一个人综合素质的外在反映，一个没有口德的人，所讲出的每一句话不仅没有丝毫的吸引力，还会遭到别人的抵触和反对。其实，何止仅仅是在交际场合，即便是在谈判场合，我们也更需要注意在语言彰显自己的尊重意味，不要以为对手就非朋友，言语之间就可以随意。其实，越是在谈判这样的场合，就越需要运用礼貌的语言，给予对手充分的尊重，从而达到拉近彼此之间心理距离的目的。

谈判实景：

美国有一位总统，在他庆祝成功连任的时候开放白宫，邀请一百多名儿童前来做客，和他们进行亲切的“会谈”。

“您上学的时候是不是和我们一样，有一个最糟糕的学科，也经常受到老师的批评？”一个叫汤姆的小男孩问总统。总统回答说：“我的品德课不怎么好，因为我在上课的时候经常不注意听讲，喜欢乱说话，干扰了别人的学习，因此老师经常批评我。”

总统的回答，让本来有些拘谨的现场变得活跃起来。

有一个来自洛杉矶贫民区叫露西的小女孩对总统说，她每天去上学的时候都感到十分害怕，因为她不知道在路上会发生什么事，害怕遇到坏人的伤害。

总统听完她的诉说，就收起了笑容，诚恳地对露西说：“我知道现在小朋友过的日子不是特别如意，因为在有关毒品、枪支和绑架等问题的处理上，政府做的是远远不够的。我希望你好好学习科学文化知识，等将来有机会了，参与到国家的正义事业中去。我想，只有我们每个正义的人联合起来和坏人进行毫不妥协的斗争，才能改变不如意的现状，让我们的生活变得更加美好。”

总统的回答让每个小朋友都十分感动，于是就把这位长自己几十岁的老人当成了可以依赖的对象，和他成了“忘年交”。那些在场外的孩子的家长们通过电视看到这样的谈话场面，也禁不住热泪盈眶，同时感到总统是一个十分亲切的人。

总统对待前来到访的小朋友，没有任何的架子，甚至在说话的时候也不是用一个过来者或者大人的口气，这样就让那些小朋友感受到了尊重和真诚。小朋友们就觉得，总统和他们之间没有任何的距离，两者都是普通人，总统是他们可以亲近可以信赖的“大朋友”。

我们可以从总统对待小朋友的故事中明白这样一个道理：在日常谈判过程中，一定要注意尊重对方。只有给对方以充分的尊重，才能够拉近双方的心理距离，从而顺利地实现思想沟通，让对方从内心里去接受自己。假如在交流过程中，我们用高高在上的姿态，硬邦邦的口气来对待别人的话，那么就会显得我们毫无素养，对方也会因为我们的态度不够尊重而不悦，拂袖而去。

谈判心理策略分析：

1. 给对方一顶高帽

每个人都是有着虚荣心和自尊心的，因此每个人都希望自己被别人高看一眼，而不愿意被他人小瞧。那么，这就要求我们在和别人说话的时候，一定要注意用一些适当的语言来抬高一下对方，这样就会让他有一种“惺惺相惜”“英雄识英雄”的感慨，从而愿意主动地和你进行交谈。另外，在和年龄、社会地位与我们有着一定差距的人面前，更要注重抬高对方，以免让他有受到冷落的思想倾向。

2. 学会倾听

谈判是由双方共同完成的事情，假如一个人在那里滔滔不绝唾沫乱飞地唱着独角戏，就会让对方明显感受到冷落，在无法表达个人思想之余就会觉得你无视他的存在，从而会对你的不懂人情世故而产生不满。因此，在我们和别人交谈的时候，一定要留给对方表达思想的空间，并且在对方进行说话的时候要认真地倾听，表现出你的诚意来。

3. 记住对方的名字

这种方式通常是用于和陌生人的谈判中，在交际场合中我们经常会遇到一些有过一面之交的人，那么在重逢的时候，在你和他谈判的过程中能够给予一个亲切的微笑，准确地叫出他的名字，那么，对方就能了解到你对他的看重，从而对你充满感激。

4. 不要随便指出对方的错误

别人在言谈之间难免会有一些言辞或者观点上的错误，在这个时候我们没有必要去指责对方的错误所在，那样的话只能会让对方觉得你是在践踏他的尊严，对你产生反感的情绪。在这个时候，你不妨采取沉默的态度，或者是转移到其他话题上去。

给对方面子，就是给自己留面子

中国人历来比较注重面子，于是乎，就诞生了这样一句话“交际场上，面子大过天”，大多数人明白这样的道理，自然也就懂得了在交流沟通时维护到他人的面子。可是，对于某些人来说，他们偏偏不认这个死理，说话咄咄逼人，信口开河，丝毫不顾及别人的情面，以至于闯下大祸。

在实际谈判过程中，你想表达什么观念或意见，尤其是涉及情面的事情，见好就收吧，别不留情面，否则，苦头只有你自己吃。

谈判实景：

纽约市泰勒木材公司的销售员克洛里，由于当面指责客户错误，得到了过很多深刻教训。对此，他总结说：“很多次失败，让我认识到，当面指责客户是一件多么可笑的事情，你可以赢得辩论，但你什么东西也卖不出去，那些木材检验员，顽固得就好像是球场上的裁判，一旦判错，绝不悔改！”

有一天克洛里正在上班，电话铃响了。克洛里拿起听筒，对方传来一个焦躁愤怒的声音，抱怨他们运去的一车木材大部分不合格，那车木材卸下四分之一之后，木材检验员报告，有百分之五十五不合格，决定拒绝收货。克洛里马上乘车到对方工厂去，他基本上可以猜到问题的所在。如果在以前，克洛里到了那里，肯定会引经据典地指责对方检验员的错误，斩钉截铁地断定所供应的木材是合格的。但现在克洛里觉得不应该这样做，自己不要伤客人的面子，这样才会让问题得到妥善合理的解决。

克洛里到了工厂，供应科长板着面孔，木材检验员满脸愠色，只等他开口就好吵架。克洛里见到他们，笑了笑，根本不提木材质量问题，只是说：“让我们去看看吧。”他们默默地跟着走到卸货卡车旁边，克洛里请他们继续卸货，请检验员把不合格的木材一一挑选出来，摆在另外一边。克洛里看检验员挑选了一阵子，发现自己的猜测是正确的，检验员检验得太严格了，而且他把检验杂木的标准用于检验白松。克洛里并没有对这位检验员进行任何指责，只是轻言细语地询问检验员木材不合格的理由。

由于克洛里和颜悦色，以一种十分友好合作的态度虚心求教，检验员渐渐高兴起来，双方剑拔弩张的气氛也缓和了。慢慢地，检验员的整个态度改变了。他坦率地承认，自己对检验白松的经验不多，并反过来问克洛里一些技术问题。克洛里这时才谦虚地解释，运来的白松木材为什么全部都符合要求。克洛里一边解释，一边多次强调，只要检验员依然认为不合格，还是可以调换的。

那位固执的检验员忠于醒悟了，最后，他自己指出，他们把木材等级搞错了，按照合同要求，这批木材全部合格。当然，克洛里也收到了一张全额支票。

尽可能克制自己，不做当面指责别人的蠢事，克洛里让一桩生意起死回生，减少了一大笔损失。更关键的是，克洛里与这家工厂、与这位木材检验员建立了融洽的关系，学会了处理人际关系的艺术，这一点是异常宝贵的。

谈判心理策略分析：

1. 态度温和

面子人人都有，假如你让谈判对手失去了面子，这样你就不会从他那里得到尊重。对方都喜欢我们在人多时用态度温和、言语轻柔带着一种尊重跟他述说，不喜欢被别人当场指正。如果我们保全对手的面子，他们也会十分尊重我们，为我们保全面子，互相支持，互相配合。

2. 肯定和抬高谈判对手

每个人都是爱好面子的，都喜欢在别人面前展现所长。在谈判中，我们会遇到偶尔聊天的机会，这时应该把握时机，肯定和抬高对方，让对方对我们产生好感，使我们工作非常顺利进行。因此我们应该抓准机会在别人面前，推荐客户所长，赢得客户对我们刮目相看。

3. 给对方留面子，就是给自己面子

许多人不知道这样一个道理，你若是给了别人面子，其实就是给自己面子。可能，在现阶段，对方的处境并不怎么样，但是，你也没必要赶尽杀绝，硬是要扫了他的面子。凡事多与人为善，今天你给对方留面子，日后他肯定会把这面子留给你。

4. 避开对方过往的敏感旧事

隐私就是不可公开或不必公开的某些事情，有可能是缺陷，有可能是秘密。因此，我们在进行语言交流的过程中，需要避开彼此的隐私，即使无意中提到了那么一两句，也需要见好就收，别不留情面。

5. 得饶人处且饶人

在谈判中，有可能会出现这样的情况：对方无意之中犯下了错误，可你却总是揪着对方的错误不放，说话越来越过分，丝毫不顾及对方的情面。其实，不管对方是无意的还是有意，既然错误已经发生了，再说那么多的话也于事无补，所谓“得饶人处且饶人”，批评的话也见好就收吧，别不留情面，他日对方若有了出头之日，定会向你讨这“旧耻雪恨”。

避免与对方的一切争执

谈判专家这样告诫我们：“千万不要就不同意见和对方争辩，这样只会导致对抗，特别是谈判刚开始的时候。”当双方之间的意见出现分歧的时候，不要立即反驳，反驳只会强化对方立场，学会使用“感知”的方式表达自己的立场。在适当条件下使用“他”、“他们”等第三人称，避免使用“你”、“我”这种第一、二人称导致的对抗情绪。假如对方开始有想争辩的想法，那我们可以想办法化解对方的负面情绪，比如说我完全理解你的感受，很多人都有和你相同的感觉。

谈判实景一：

纳森是一名所得税顾问，最近因为一项9000美元的账目问题，使得他与一位税收稽查员发生了点争执。纳森认为这是应收账款里的一笔呆账，根本没办法收回，所以不应该征税；而稽查员却始终不相信，认为他在耍花招。纳森越是争辩，稽查员越是固执。

于是，纳森决定改变话题，尽可能不刺激他的敏感神经。他说：“和你比起来，我做的这些工作简直是微不足道。我也曾研究过税务问题，但那都是书上讲的，枯燥乏味，一知半解。而你的知识和经验却全部来自业务实践。所以，其实我很想请教一些这方面的问题……”他说得很认真。

稽查员听完，气也消了很多，开始友善地谈起自己的工作，还说了许多人偷税漏税的花招，他十分反感这些人。聊着聊着，他的口气越来越友善，最后甚至兴奋地聊起他的儿子来。临走时，这位稽查员对纳森说："我会认真考虑你的意见和问题的，并在这几天之内给出结果。"果然，三天之后，他来告诉纳森说："我不再征收那9000美元的税了。"

其实稽查员争论的并不是一个谁对谁错的问题，他总是觉得自己是稽查员，自己就是权威，他要的就是一个面子。假如他在工作过程中，竟然有一位人与自己争辩，那自然会让他没了面子。所以，不要争辩，就是给对方面子，你给别人面子，给别人自尊，那就是一种聪明。

谈判实景二：

有一个学员，做汽车推销工作，但是他做的很不如意，于是向别人寻求帮助。结果，别人稍微一试探，就知道他有个毛病，就是喜欢与人争辩。他经常和顾客争论不休，粗暴地反对顾客的观点，每当顾客听他所介绍的汽车进行挑剔的时候，他便怒火中烧，毫不客气地大声争辩，一直弄得顾客哑口无言为止。尽管他嘴上赢了，但却没有人再敢买他的汽车。

于是，有人告诉他，首先要做的不是学习什么谈话技巧，而是压制自己喜欢争辩的个性，应该清楚这是做生意，不是总统竞选。即便心里有什么不同的意见，或者发现对方有明显的错误，也应该保持冷静，以一种温顺和谦和的口气加以解释，千万不要直接指责。

他耐心听取了建议，在这之后就尽可能不与别人争辩了。如果顾客说别的汽车怎么怎么好，他就一言不发，先恭敬地听完，然后说："那款车确实不错，质量很好，风格时尚，他们公司的推销员也很棒！"顾客得到了认同，自然也就无话可说了。于是，他就趁此机会开始介绍自己的汽车了："这款车其实也不差……你看……"就这样，他很少与人发生冲突，销量自然很快就上升了。

当你与对手开始争辩的时候，或许你的观点是正确无误的，不过，你强迫别人改变他的观点的时候，你将会一无所获。其实，正确与错误本身没有多大的意义，观点是个人的，我们每个人都有坚持自己观点的权利，即便是错误，你无须要别人都听从你的意见。

谈判心理策略分析：

1. 不要说“你错了”

苏格拉底说：“我只知道一件事，那就是我什么也不知道！”在谈判过程中，当我们对于别人观点的有误，应该抱着更多的宽容和理解，而不是说“你错了”。我们可以这样说：“恩，可能是这样的，不过我还有另外一种想法，不知道对不对……不对的话还请指正。”这样说，反而会收到很好的效果。

2. 保持温和的态度

假如我们能谦逊的说可能是自己错了，那对方自然也就不好意思再固执了，这其实就是一个双方的妥协。人总是一种理性的动物，不过我们并不总是按照逻辑规则进行思考。我们生活在一种情感之中，通过直觉和喜恶来判断问题。假如不高兴的话，即便是错的也会固执己见，甚至迁怒对方，于是很容易在无意识中犯下错误。

下篇　谈判终局阶段

在谈判进入最后的协议阶段，意味着谈判的结束、谈判合同的签订以及协商谈判的后续工作。在这一阶段，包括报价、还价、协商、最后通牒等，优秀的谈判者善于观察和判断对方的最终意图，可以从种种迹象中判断是否成交的终局。

第13章

讨价还价，利益共享——寻求双赢合作的策略

所谓谈判报价，是指谈判的某一方首次向另一方提出一定的交易条件，并愿意按照这些条件签订交易合同的一种表示。在经历了谈判双方最初的接触、摸底，并对所了解和掌握的信息进行相应的处理之后，谈判往往由横向铺开转向纵向深入，即从广泛性洽谈转向对一个个议题的磋商。

价格谈判，引导双赢

孙子兵法云："知己知彼，百战不殆。"日常谈判中的价格谈判就是双方综合实力的对比结果，谈判者应该尽量地了解对方的情况。在生活中，为什么一位常常买菜的老大妈能够比那些不经常去买菜的人能够购买更低价格的蔬菜，这就是因为她比那个缺乏买菜经验的人更了解市场。所以，在谈判时更可以体现谈判者对市场，对产品的综合认知程度。

谈判者需要了解国内的价格水平，国际的价格水平，以及对手公司的情况，尽可能主动准备资料以达到心中有底。而且，谈判者需要十分了解公司的产品结构，成本以及生产周期，应运用自己熟悉的东西来引导对方对自己产品增加认知程度和满意程度。之所以这样，就是为了可以在关键的时候及时做出决定以达成合同。尽管说价格谈判比较困难，但并不是一成不变的，假如我们了解这个产品在国内已经饱和，那我们就知道竞争的将是什么，若产品有技术含量，有独特的地方，那我们就清楚怎么样可以获取高利润。

谈判实景：

王女士在一家礼品公司任客户经理，主要销售蚕丝被等物品。有一天，王女士接待了一个客户赵小姐。赵小姐看上一款低端蚕丝被，要订货500套。于是，她们开始讨价还价。

赵小姐说："王经理，这款蚕丝被还能不能再便宜点？"王经理回答说："这款蚕丝被的经销价是220元，您是我们的老客户，我把零头抹掉，拿货价给您算200元吧。"赵小姐惊呼："200元？太贵了，之前联系的礼品公司，差不多的蚕丝被拿货价才100元。"王小姐辩解："怎么可能差这么多呢？我们这是LR牌，是名牌，这个牌子在商场里，同样的蚕丝被，要卖500多元呢。"赵小姐笑着说："CC礼品公司，AP牌，也是品牌产品，拿货价才150元，也没这么贵，这样吧，一口价，150元，行我就拿，不行就算了。”王女士无奈地说：“你这个小姐太能杀价了，150元可不行，厂家订货都拿不出来，这样180元，我对公司也好有个交代，行吗？”最终成交价格为180元。

知己知彼，百战不殆，若是想要在价格谈判中获胜，我们需要知道客户的心里是怎么想的，他想要什么。而且需要知道自己的竞争地位，选择正确的谈判策略，最后通过有效的技巧，实现我们的策略。

谈判心理策略分析：

1. 认为产品不值这个价

人们经常会看中一些商品，不过并不是这个商品卖多少钱，他们都会选择买。以上面的案例来说，赵小姐之所以来这个礼品公司订货，是因为礼品公司可以杀价。所以，赵小姐可能觉得蚕丝被不错的前提是认为有可能把拿货价杀到150元，假如是220元，还不如再添加几十元，去拿更加高端的蚕丝被。这就是说，在赵小姐心中，蚕丝被根本不值220元。

2. 超出了预算

除非你让自己的产品对对方产生了特别的吸引力，否则，对方是不会花很多力气去筹资或者破例增加预算的。赵小姐可能准备购入150元左右的蚕丝被，假如超出了这个价格，她可能放弃，就好像赵小姐说“150元，能拿就拿，不能拿就算了”。

3. 别家卖得比你的便宜

一旦对方有这种疑虑的时候，说明你并没有让对方认识到你的产品比竞争对手好在哪里，客户认为你的产品和竞争对手不相上下，不过比竞争者贵。以赵小姐为例子，她可能觉得王女士的蚕丝被和之前的150元的蚕丝被差不多，或许稍微好一点，不过王女士要价220元，太离谱了。

4. 认为你的报价有水分

有时候对方想通过谈判了解你的底价，不想做冤大头。赵小姐或许是见过其他礼品公司的价格表，或是听过要拼命杀价的劝告，再或者是以前有杀价的经验。因此，她希望通过讨价还价来获得一个比较划算的价格。

5. 不要掉入对方的陷阱中

通常对方会布置各种陷阱，引己方上当。比如对己方提出的价格的某一特定部分，对方会询问其底价，然后又忽然要求己方删除这一部分，并降低总的售价，这是一种很实用的价格谈判技巧。

6. 暗度陈仓

有时候，对方为了获得优惠的价格，可以答应己方将来还要购买我们的产品，交易达成之后，将来的事情却是很难说的，这其实是一种权宜之计。己方若是想抓住长期客户，可以先获得对方的承诺，成交之后的细节问题必须由对方全权包办。事后，尽管对方发现自己的权益受到约束和控制，不过仍旧不得不与我们签下长期合约，将服务与保养等项目来由我们负责，而价钱由我们出，对方不得有任何异议。

7. 如何应对买方的讨价还价

买方应付卖方有很多办法，比如他可以说“对不起，我已经超出预算了，我资金有困难”。这时卖方绝对不能上当。这时我们必须调查对方实际上的资金实力，假如对方有某项未透支的预算，一旦发现，就可以请他由该项预算挪用，当然，这时你必须了解预算期限，才能与对方事先约好交货时间。

在谈判过程中有效报价

在日常谈判中，按照惯例，发起谈判者应该先报价，投标者与招标者之前应由投标者先报，卖方与买方之间应由卖方先报价。先报价的好处是可以先行影响、制约对方，把谈判限定在一定的框架内，在这个基础上最终达成协议。举个简单的例子，假如你报价一万元，那对方很难奢望还价到一千元。在许多的服装小店，一般报出的价格是超出顾客拟付价格的一倍乃至几倍，一件衬衣假如卖到60元的话，商贩就心满意足了，但他们却报价160元，因为很少有人好意思还价到60元。当然，卖方先报价也得有个度，不能漫天要价，使对方不屑于谈判，假如卖鸡蛋的小贩报价每斤300元，你还会花力气与其讨价还价吗？

谈判实景一：

北京市场上的服装零售价往往高出进价的三倍到十倍。假如一套衣服进价100元，标价800元。通常情况下，购买者会还价多少呢？一般还到700元、600元就不得了。至于能还价到500元的，算是比较有勇气的，买家很少会还到400元、300元，他们怕被卖家骂，怕被人瞧不起。所以，宁可不还价转身一走了事，免得招惹是非。

当然，卖家往往在500元、400元的价位上就愿意成交了，何况买家愿意出600元、700元，甚至800元呢？所以说，卖家只要一天中有一个人愿意在800元的价格上与他讨价还价，他就大大地成功了。

尽管价格不是谈判的全部，不过毫无疑问，有关价格的讨论依然是谈判的主要组成部分，在任何一次商务谈判中价格的协商通常会占据百分之七十以上的时间，许多没有结局的谈判都是因为双方价格上的分歧而最终导致不欢而散。当然，作为卖方希望以较高的价格成交，而作为买方则希望以较低的价格合作，这是一个普遍规律。尽管听起来比较容易，不过在实际谈判中做到双方都比较满意，最终达到双赢的局面却是一件不简单的事情，这需要我们的谈判技巧和胆识，尤其是报价最为重要。

谈判实景二：

美国著名发明家爱迪生在某公司当电气技师的时候，他的一项发明获得了专利。公司经理向他表示愿意购买这项专利权，并问他要多少钱时。当时，爱迪生想：只要能卖到5000美元就已经很不错了，不过他并没有说出来，只是督促经理说："您一定知道我的这项发明专利权对公司的价值了，所以，价钱还是请您自己说一说吧！"经理报价道："40万美元，怎么样？"还能怎么样呢？谈判自然是没有多费周折就顺利结束了，爱迪生也因此获得了意想不到的巨款，为他以后的发明创造提供了资金。

通常情况下，假如你准备充分，知己知彼，那就要争取先报价；假如你不是行家，而对方是个行家，那你就要先沉住气，后报价，从对方的报价中获取信息，及时修正自己的想法。假如你发现谈判对手是个外行，那不管你是内行或者外行，你都要先报价，力争牵制、诱导对方。一些商贩深谙这个道理，当顾客是一个精明的家庭主妇时，他们就采取先报价的技术，准备着对方来压价；当顾客是一位看起来不怎么懂行情的小伙子时，他们多半会先问对方“给多少”，因为对方有可能报出一个比商贩的期望值还要高的价格。

谈判心理策略分析：

1. 注意报价的策略

同样是报价，运用不同的表达方式，其效果也是不一样的。省保险公司为动员液化石油气用户参加保险，宣传说：参加液化气保险，每天只交保险费一元，如果遇到事故，则可得到高达一万元的保险赔偿金。这其实是一种价格分解术，以商品的数量或使用时间等概念为除数，以商品价格为被除数，会让人们对本来不低的价格产生一种便宜、低廉的感觉。假如说每年交保险费365元，效果就差很多了，人们便不会轻易接受了。

2. 首次报价攻略

好的开始是成功的一半，在你第一次向客户报价时确实需要花费一些时间来进行全盘思考。价格过高会导致一场不成功的交易，价格过低也不会因此停止价格还盘，因为他们并不知道你的价格底线，也猜不出你的谈判策略。首次报价的黄金法则是开价一定高于实际想要的价格。在谈判过程中，双方都会试图不断地扩大自己的谈判空间，报价越高意味着你的谈判空间越大，会有更多的回报。谈判实际上是一项妥协的艺术，成功的谈判是在你让步的过程中得到你所需要的，一个较高的报价会使你在价格让步中保持较大的回旋余地。

3. 对不同的客户不同的报价

报价并不是一成不变的，可以按照不同的客户或途径采取不同的报价。能够以较高的报价成交并不是没有可能的，不过你并非了解每一位客户的接受能力。比如，当王先生得知一家国际性的销售终端向每一个供货商收取销售额的百分之二十作为交易条件，他毫不犹豫地在自己原有基础上提高了百分之二十五，对方在谈判前调查了王先生的价格体系，对报价提出了异议，经过了协商，王先生做出了百分之五的让步，而且提供了一套促销方案支持自己的报价，最终成交。

4. 首次报价不能接近底线

不管以何种条件成交，最重要的是要让对方感觉自己赢得了谈判。许多谈判者习惯于在第一次报价时给对方最优惠的价格，希望能够尽早成交，由于价格已经接近最低底线，在价格上没办法让步。还有的企业管理者比较急功近利，订单量是绩效考核的唯一指标，结果导致销售代表谈判开局就把价格降至最低，只顾数量而不顾质量，忘记了企业最终的目的是赢利而不是报表上的数字。

5. 你的报价不要把客户吓跑

或许报价会超出客户的心理承受范围，假如你态度强硬，对方随时会终止谈判。那己方可以在报价的言语上暗示一些伸缩性，不过一定要强调回报，比如“假如你能够现款提货，我可以在价格上给予百分之五的优惠”“假如你提供特殊陈列面，并免费提供促销场地，我会在价格上有所考虑”。

6. 不要轻易亮出自己的底价

商务谈判由四个主要因素组成，己方的报价和对方的还价，己方的底牌和对方的底牌。报价和还价随着谈判的深入会慢慢清晰，而整个谈判过程中双方都会揣摩、推测、试探对方的底牌，是心理、智慧、技巧的综合较量。所以，不管出于什么样的情况，都不要轻易亮出自己的底价。

根据对方所需，以利益诱惑

任何一个曾参与谈判的人深知，能否攻心谈判，是能否成功谈判的关键因素。在这个现实社会中，每个人都有自己内心的需求，而对于大部分谈判者来说，争取最大的利益就是他们的内心需求。事实上，利益就是他的死穴。因此，如果谈判者攻进谈判对手的死穴，根据对方所需，展示令人垂涎的利益，就能让对手心服口服，否则，只靠声音大或死缠烂打地诡辩，根本不算是“说话高手”或“谈判高手”。

通常来说，我们经常看到这样的谈判，尤其是商业谈判：谈判双方都会竭尽全力维护自己的利益。而这种谈判也最容易将谈判的焦点集中在价格上。此时，作为卖方代表，他会把自己的产品讲得天花乱坠，尽量抬高自己产品的身价，报价要尽量高；而这位买主也不是“吃素”的，他是明白如何在鸡蛋里挑骨头，从不同的角度指出产品的不足之处，从而将还价至少压低到对方出价的一半。最后，双方谁都会找出无数条理由来支持自己的报价，最后谈判在无奈情况下成为僵局。如果不是僵局，那么通常是一方做出了一定的让步，或双方经过漫长的多个回合，各自都进行了让步，从而达成的是一个中间价。这样的谈判方式，也是常见的。

谈判实景一：

客户：“M公司的设备比较符合我们的要求，而且他们的价格比你们的要低得多……”

销售方领导：“的确，他们的价格比我们的要低，而且他们的设备也不错。但是我们的产品更适合你们。首先每年贵公司的维修费都是一笔巨大的开支，产品的使用寿命是贵公司需要考虑的关键问题，又加上贵公司的生产方式需要一种高性能、高效率的设备，而且需要考虑设备长久的资源利用率，我们的公司的产品刚好可以与贵公司的旧设备共同作业。您觉得呢？”

客户：“可是，你们公司设备的价格与他们产品的价格相差甚远，而他们公司的设备质量也不错。”

销售方领导：“他们的质量确实不错，这是一份产品的故障调查报告，我们的设备故障率只有1. 2%，不知道对方有没有这样一份故障调查报告。据我所知，他们的故障率一直都是在5%左右。这样算下来，贵厂将会为此多付出几万元。”

在这段谈话中，作为销售方的谈判者，在与客户进行谈判的过程中，就是从客户最关心的利益出发，让客户明白：如果购买了M公司的产品，会带来利益上的多大损失；然后说出自己产品的优势，这样，在对比之后，客户必然会做出正确的选择。

如果谈判者坚持这样的谈判方式，往往会使谈判陷入一种误区。这种传统的坚持立场而非利益的谈判方式常常导致最后谈判各方的不欢而散，以致破坏了双方今后的进一步合作机会。此时，你就应该抓住对方的心理，从对方所渴求的利益说起，或许有截然不同的效果。

谈判心理策略分析：

那么，在谈判过程中，谈判者如何用语言“诱惑”对手呢？

1. “减少付出”利益谈判法

谈判涉及的是谈判双方。谈判者自然是代表了利益的一方，谈判时，如果你希望对方以某个条件答应成交，那么，你就需要让对方觉得，这样的条件达成共识是可取的。比如，在商务谈判中，你可以利用产品价格对比法，也就是用所推销的产品与同类产品进行比较，用较高的同类产品价格与所谈的产品价格作对比，从而让对方明显感觉便宜的方法。很明显，所谈的产品价格就显得低了些。但运用这一策略时，你手中至少要掌握一种较高价格的同类产品，当然，掌握得越多越好，这样，才更有可比性。

小王申请某公司的一个职位，他目前的月薪2750元，他想在新公司至少应该达到3100元，他意识到要价更高才有可能。所以，当讨论薪水问题时，接待小王的人问道：

“你希望的薪金是多少？”

“我认为至少是3300元？”

“你是说3300元？”

“是的。”

“那么欢迎你下周来上班。”

这看上去一切似乎都如愿以偿了，但是，小王对这个结果不满意，感到他们能给的薪金应该比自己要求的更高。

当然，我们在利用这一心理策略谈判的时候，最重要的还是要把握对手的心理，这样，即使你不多说，当你向其展示完“利益”后，对方自然会在内心作对比。

2. “增加获得”利益谈判法

让对方接受我们的想法或者达到某种目的，并不一定要反复提醒他“如若不……会怎样”，你可以直接告诉他，“如果你怎样……你会有什么益处”。但前提是，你必须对对方有很深刻的了解，知其所好，这样，才能把“提醒”说到对方的心坎上，同时，要让对方理解我们的出发点是善意的，不然只会适得其反，引起对方的怀疑。

3. “物有所值”利益谈判法

客户：我觉得你们的设备挺符合我们的要求，只是这质量方面，我还是有点担心。因此，我觉得有些贵。

销售方领导：这个您完全可以放心，国家质检部门已经做过多次检验了，我们所有的设备合格率是90%以上，而且这型号的设备质量比其他的都好，它的合格率达到了95%，而其他公司的产品合格率才85％。

客户：是吗?

销售方领导：是的，您看，这是产品相关的质量合格证、质检部门的检测报告……

客户：是这样啊。

销售方领导：目前这款设备已经在全国20多个城市销售了100多万台，重要的是直到现在我们仍然没有接到任何关于这款设备的退货要求。所以，您大可放心。

这里，销售方正是因为抓住了客户担心产品质量的心理，从事实出发，从而打消了客户的这种想法，最终让客户觉得购买该产品物有所值。

总之，只要谈判者能把握好这种心理暗示的方法，进行合理而巧妙的暗示，就可以声东击西、混淆对方的试听，从而顺利达到你的谈判目的！

如何报价

如何报价对于谈判者来说是很重要的一环，假如你的报价符合市场和客户需求，那么签单成功率将大大增加。在某种程度上说，报价也在一定意义上决定了营销工作的成败，特别是对于从事谈判来说，更是如此。如何给客户报价？对于许多外行人，看到如何给客户报价这个问题，许多谈判者都以为报价很简单。不过实际上，报价学问比较大。

谈判实景：

木朗先生是日本一家企业的销售部主任，有一次他与太太去墨西哥度假，他太太很快进入了购物的人潮，他却“只看不买”到处闲逛，突然他看到一个小贩正在向他叫卖墨西哥披肩“1400比索”，而木朗对披肩根本没有兴趣，小贩：“好啦，大减价，1000比索好了。”木朗无奈地表示，自己丝毫没有兴趣，说完转身离去，但是小贩跟着他一遍又一遍说着：“800比索，就800比索……”木朗忍无可忍，开始试图甩开小贩，小贩继续追他，并把要价降低到600比索。这时，正好遇到红绿灯，木朗汗流浃背停了下来，那位小贩依然跟在身后吆喝：“先生，400比索！”木朗非常厌烦，并发出警告：“你别再跟着我。”令他感到意外的是，小贩回答说：“好吧，算你赢，200比索。”木朗先生大吃一惊。小贩又说道：“先生这个披肩在墨西哥最便宜是175比索，是一个加拿大人创造的纪录，先生，200比索，您就买了吧。”木朗先生说：“170比索，多一个子也不买，你到底卖还是不卖？”小贩感到十分委屈，汗流浃背，最后说：“好吧，先生，它归你了。”

木朗先生回到旅馆，向妻子炫耀：“卖1400比索的披肩，可你丈夫——知名的国际谈判家，只用170比索就买来了。”结果妻子回答：“是吗？我买了一件一模一样的，才150比索，在柜子里。”木朗先是一呆，然后打开柜子，果然一模一样。

谈判双方在经过摸底之后，就开始报价。谈判报价的方式有两种，一种是己方先开价；另一种是对方先开价，己方后开价。谈判者究竟应该选择哪一种报价方式，要根据己方的条件以及每种报价的利弊关系来决定。先开价的益处在于：一方面先行报价，对谈判施加影响大，它实际上是给对方规定了谈判框架或基准线，谈判的最终协议将在这个范围内达成；另一方面，先报价若出乎对方的预料和设想，往往可以打破对方原有的部署，甚至动摇对方原来的期望值，使其失去信心。

谈判心理策略分析：

1. 报价前先介绍产品优势

正式报价之前，一定要尽可能先向客户介绍产品优势。这样做的益处非常显著，一方面能够让客户更好地了解公司和产品，增进认识；另一方面为正式报价“预先铺垫”，奠定基础。一旦客户对产品优势有所了解的时候，就可以报出更加合适的价格。同时，谈判者可以通过介绍产品，拖延时间，引导客户说出更多的信息，更多地了解客户需求，然后报出更有针对性的价格。

2. 了解客户心理价位后再报价

只要有可能，谈判者都应该在报价前，争取多介绍产品优势，同时了解客户相关信息，从而科学推断客户心理价位，再给出合理报价。

3. 若客户直接询价，报两个价

某些客户会直截了当地询问“产品价格是多少”，遇到这种情况，又该如何报价？一个是超低价格，可告诉对方，这个价格是公司推出的某款产品，正好以开展优惠促销活动，满足很大一部分大众客户的需求；一个是正常价格，比公司规定的统一报价要低一些，比公司规定的最低成交价要高一部分，告诉对方这个价格是主推产品的市场价格，功能比较强大，能够满足那些需求较高的客户的要求。

4. 第一次报价必须谨慎

第一次报价最忌讳报价过高，因为客户不会给你第二次报价的机会。比如客户心理价位是1万元，而你的第一次报价是5万元，甚至8万元，估计没有几个客户会继续和你洽谈。因为在客户看来，会觉得你能够给予的最低价估计就是2万元甚至3万元以上，会以为你绝不可能将价格调到1万元以内。

试探性摸底报价

谈判中由于各种条件不一样，报价要根据实际情况报不同的价，目的是让对方感觉得到了优惠。这种价格差别，体现了商品交易中的市场需求导向，在报价策略中应灵活运用。在报价的时候，可以采用试探性策略，即在谈判中，对于彼此目的和意图不甚了解的情况下，互相之间刺探对方底细时所常用的方法和手段。探底又可以称为摸底，其意图是试图探究出对方的真假、虚实。探底的技巧具体可以表现为投石问路、声东击西和不吝赐教等技巧。

谈判实景一：

小王是工会会员，他为造酒厂的会员要求增加工资一事向厂方提出一份书面报告，一周后，厂方约他谈新的劳资合同。令他感到非常吃惊的是，一开始厂方就花了很长时间向他详细介绍销售及成本情况。这意外的开端使他措手不及，为了争取时间考虑对策，他便拿起会议材料看了起来。

放在最上面的一份是他提交的书面报告，一看他明白了，原来是在打字时出了差错，将要求增加工资12%打成了21%。难怪厂方如此慎重。小王心里有了底，谈判下来，最后以增资15%达成协议，比自己的期望值高了3个百分点。看来，自己原来的要求太低了。

谈判的目的是要实现双赢方案，但是在现实生活中，一个要榨橘子汁，而另一个要用橘子皮烤蛋糕的情况毕竟太少见了。当谈判者坐在一个买家面前，心中都抱着同样的目的，然而这里并没有魔术般的双赢解决方案，对方想要的是最低价，而我们想要的是最高价。

谈判实景二：

某鞋厂是一家专门生产出口地毯鞋的厂家，2004年4月因扩大生产规模需要购买100台缝纫机。为了能够以较低的价格买到缝纫机，邀请张先生一起参与采购缝纫机的谈判。对此，张先生建议采用制造竞争对手策略和投石问路策略进行谈判。

为了制造竞争，为自己谋取有利的谈判地位，一开始张先生邀请了三家规模比较大的合格供应商，并约在同一天进行首次谈判。在谈判之前，张先生带领厂家的销售人员参观了新的厂方，告知一楼、二楼、三楼分别要购置100台，合计300台缝纫机。参观结束之后，张先生安排三家供应商代表分别对自己的产品和报价进行了介绍，这使张先生进一步了解了每家供应商的产品特点和价格情况。由于存在竞争对手，购买的数量又比较多，所以三家供应商的初次报价都比较合理。经过比较和筛选，张先生选择了其中一家作为重点谈判对象。

一周后，张先生邀请对方再次来厂谈判。对方在300台的数量诱惑和竞争压力下，价格在初次报价3500元的基础上又下降了200元，之后就不肯再让步了。下午续谈时，张先生代表厂家告诉对方，厂家认为每台3300元的价格过高，资金无法一次性到位，按照现在的价格最多只能买200台。就算200台也要70万元左右资金，需要三个合伙人磋商好资金问题后才能同意。同时希望对方能够每台再让100元，以减轻财务上的压力。然而，对方回复说从没有卖过这么低的价格，需要回去向领导请示汇报。

三天后，对方来电说每台最多再便宜60元。张先生告诉对方，自己会马上向厂领导汇报。第二天，张先生打电话给对方，经三个合伙人协商，认为3240元的价格可以接受，不过由于资金暂时有点紧张，一时无法拿出这么多的现金，希望能够采取分期付款的方式支付，首次支付30%的货款。对方拒绝了，张先生说："既然你们在支付方式上有所顾虑，不同意分期支付，我们只好先买100台，可以在调试安装好之后全额支付。如果同意的话，可以过来谈判签约事宜；假如不能同意，我们只能考虑别的选择。"第二天，该厂家销售人员就过来签订了成交合同。

跟下棋一样，运用强有力的谈判技巧必须遵守一套规则。谈判和下棋最大的差别在于，谈判时对方不知道这些规则，只能预测你的棋路。棋手将象棋中的这几步战略性走棋称为“棋局”。开局时要让棋盘上的局势有利于你，中局则要保持自己的优势，进入残局时则需要利用自己的优势，将死对方，而在谈判中，就是要对方下单。

谈判心理策略分析：

1. 投石问路

所谓投石问路，就是激起对方的反应和反响，从而明确对方确切意图，或得到对方的资料、信息。投石问路的具体表现常常是“假如……会……”的模式。对方可能假设在订货的数量上加倍或减半、质量上严格或放宽、合约时间的延长或缩短、支付方式的多种形态变化，征询己方的意见。

2. 声东击西

声东击西指把谈判对方的注意力或兴趣集中在己方不甚感兴趣的问题，以增加对方的满足感。在谈判中，洽谈双方所关注、关心的问题并不是完全一致的，有时甚至具有较大的差异性，谈判人员要会巧妙地运用这些差异性，促使谈判顺利进行，谋求自己的利益，同时使对方利益在一定程度上得到满足。同时，在解决自己所关心的问题时，要求说服对方同意己方的建议，行之有效的办法之一就是先提出一项与己方意图正好相反的主张。

3. 请君赐教

在谈判过程中，我们要想从对方口中探听出虚实或底牌，可以采取谦恭的态度请教对方：“如果，你处于我的处境，将会怎么办？”请君赐教，可以具体表现为：“经理，你看我有希望吗？”“如果你来决断这件事，近期能解决吗？”“你要是我的老板，敢接受这个价格吗？”“你有没有在我们这个问题上的变通办法呢？”“能从您这里讨个说法吗？”“就你个人而言，对这个问题有何主见？”。

第14章

灵活应变，伺机而动——谈判招数和破解的策略

在谈判过程中，遭遇困难是正常的现象，在似乎山穷水尽的败局面前，谈判者应该知道，不利的形势并不意味着无法挽回。当谈判者面临对方所施展的招数，就要伺机而动，或破解，或支招，争取对方妥协，争得和局。

面对强硬对手——有效引导

有时候我们期待许久的谈判对手并非善类，那我们所面临的选择区间就会变得十分有限。对于我们所正在洽谈的业务丢不得，但是做这笔生意假如赔了钱，那自己作为谈判代表是一样推脱不了责任的。而长时间的对峙只会让生意泡汤，而妥协则会损害自己的利益。那面对这些咄咄逼人的客户，我们该如何引导其走一条双赢的路线呢？

一位外资的采油发电机总公司的销售经理，他说了这样一句话："我的经验告诉我，一个优秀的销售人员可以一直说不，仍能做成生意，只有那些缺乏生意经验的销售员，才会在顾客提出无理要求的时候，还表示欣然接受。"那么，当那些咄咄逼人的客户以各种手段诱使我们接受他们的条件时，我们如何才能保障自己的利益，又维持良好的关系呢？

谈判心理策略分析：

1. 不要陷入圈套中

精明的对手甚至会以感情因素为诱饵来促成交易，那么我们该如何应对呢？可以选择回避，要求休会，与上司商量一下，或者重新安排会议，时间和地点的改变会让整个谈判场面变得不一样；当对手大声嚷嚷或主动表示友善的时候，安静地聆听，不要做点头状，保持与对手的目光接触，神情自然，不过千万别对客户的行为予以鼓励。当他说完自己的条件之后，我们可以建议一个有建设性的计划和安排；有时候可以公开表达对对手的意见，不过这样的做法需要把握好时机，不要让对手感觉下不了台，而影响到整个谈判过程。

2. 把困难的问题留到最后

为什么要把困难的问题留到最后呢？理由有两点，一是解决相对简单的问题可以为发展下去创造势头；二是通过讨论简单的问题可以发现更多的变量因素。而当我们的谈判进入核心阶段的时候，这些因素就会发挥出一定的作用。

3. 确定本公司的需求

在谈判过程中，当我们在讨价还价的时候，一定时刻铭记两个重点：对手的利益和本公司的最大利益。最佳的谈判并不是一味地去满足对手的需求，而是关注问题的解决，达到双赢的局面。有时候，我们不确定本公司的需求，极有可能会做出无谓的让步。

4. 保持冷静

在谈判过程中，我们要多听，尽量多地了解对手的思路。对手一旦进入他的思路里，争辩根本无法使他动摇，在这样的情况下，劝说的最好办法就是倾听。理由有三个：一是新的信息可以扩大活动的空间，增添变量因素数目；二是安静地倾听有助于化解我们心中的怒气；三是如果你还在倾听，那表示你还没做出任何让步。

5. 做足准备工作

当然，在谈判之前我们需要做足准备工作，明白自己可以接受的最低价位，而且多创造些谈判期间可以利用的可变因素，尽可能地让谈判进行下去，以从中找到可行的解决方案。许多谈判者认为价格是自己拥有的唯一变量因素，不过单单是考虑价格最后的结果只会既消减了利润，又增添了买卖双方的敌视。比较恰当的做法是要把目光集中在客户与自己的共同利益上面来，比如，在谈判过程中，可以多谈一些关于售前、售中和售后服务的话题。

6. 围绕主题进行谈判

有时候谈判会发展到我们预想之外，对手常常会因为没有取得丝毫进展而沮丧。这时候最重要的就是保持冷静的头脑，注意客户的言语以及神态，耐心地等到平静的时候，总结一下谈判所获得的进展。比如，你可以这样说，让话题重新回到我们所期望的主题上来："我们已经在这些问题讨论了三个小时了，试图达成一项公平合理的解决方案。那么现在，我建议重新回到付款条款上面来，看看是否到时候做总结了。"

7. 语气温和

在谈判过程中，不要采取挑衅的谈判风格，比如。假如你这样说："你使用我们的服务要比普通客户多百分之五十，你们应该为此付费……"这会招致客户马上摆出防范的架势，那我们应该这样说："很明显，服务是整个项目中的关键一项，目前你们使用的频率比普通客户要多百分之五十，这导致我们的成本也上升了，让我们一起来找出一种既能降低服务成本，又可以保证服务质量的办法。"

8. 起点要高，逐渐让步

在谈判过程中，讨价还价是最常见的事情了，这时候我们可以从一些自己能做出让步的方面开始下手。许多例子都表明，自己的期望值越高，谈判结果就会越理想；假如我们的期望值越低，那谈判的结果就刚好相反。那在谈判开始之前，一旦我们降低了自己的期望值，那我们在大脑里已经作出了第一次让步，对手就很有可能会向我们直逼下去，这就是所谓的"先让者输"。

局势无法掌控——不要给对方太多的选择

在日常谈判中，当我们与人就某个问题作讨论的时候，需要对于某些选择性的东西摆明，不要给对方太多的选择。你所给出的选择太多，那对方给出的答案就很容易脱离于自己掌控的范围之外，那我们就无从回应了。当然，这是基于人们的一个微妙心理。我们都知道，当我们在问对方"是不是？"这个问题的时候，对方的回答一定只有两个，要么"是"，要么"不是"，除了此外，别无其他的选择。但如果我们表示"你觉得怎么样"，那这样的答案就太宽泛了，我们根本无法估计对方想说的答案是什么。

伟大哲学家苏格拉底总结出了"苏格拉底问答法"，他的谈论总是以“是的，是的”这样的反应作为自己的谈话前提。他几乎从来不把自己的观点强加给别人，他把思考的权利交给别人，他只是一个提示者而已。他的技巧就是：反问对方，指出他自相矛盾的地方，使他相信这样的结论完全是他自己得出来的。或许，这就是最绝妙的谈话方式，不带任何火药味，不伤和气，却让对方同意自己的观点，而且最重要的是这个观点是他自己说出来的。在谈判过程中，我们要学会让别人说“是”，而不是让他说“不”。

谈判实景：

一位客户要求开户，当出纳员让他填写一些家庭信息材料时，他只写出了一部分，而对另一些却讳莫如深。按照银行的规定，信息不全是不能开户的。

我们来看看这位出纳员是如何让客户乖乖就范的呢？

银行出纳员开始这样问：“你想一想，你把钱存到银行，在你去世之前，你希望银行把你的存款转移到有权继承你财产的亲属账户里吗？”客户回答说：“当然，是的，我会这样做。”

出纳员继续说：“然而，如果我们银行没有你亲属的真实信息的话，一旦在你去世之后，那些财产是不是就会无法按照你的意愿转到你的亲属手里呢？”客户点点头：“是的，会出现这种结果的。”

出纳员慢慢引导：“难道你现在不认为，将你最亲近的亲属信息给我们银行，这样就更能永久地保护你的财产吗？”客户认可了：“是的，我也这样认为。”

这时，已经不需要那位出纳员继续问下去了，客户已经主动起来，笑着将自己亲属的信息告诉了出纳员。

谈判心理策略分析：

所谓的有效问答术，简单地说就是开始就要让对方说“是”，而应尽量避免对方说“不”。这样的交谈不会引起争吵，甚至会让你们成为良好的伙伴。因此，我们在与人谈判的时候，千万不要一开始就说那些意见分歧很大的事情，争得面红耳赤，这样做得不到任何结果。不妨从双方都同意的地方开始提问，这才是最好的办法。

1. 摆明道路

在正式沟通中，我们要善于摆明道路，一条或两条，给出明确的指向，不要给对方太多的选择。想必，我们都做过选择题，下面只有几个答案，不是选这个就是选那个，除此之外，我们别无选择。在沟通中也是一样，如果我们将选择权交给对方，那其心理的变化也是我们不容易捕捉到的。

2. 向对方提出一些易于掌控的话题

在谈判过程中，当我们需要向对方提出一些问题的时候，需要注意应选择一些自身易于掌控的话题，对方的回答也在我们意料之中，这样我们才能根据对方的回答进行下一步的谈判策划。

如何打开对方封闭的心扉——不战而屈人之兵

在日常谈判中，假如对方有存在问题的地方，你仅仅是提出建议，让对方发现自己问题的所在，从而通过思考来改变出现的问题。这样既帮对方解决了问题，还让别人拥有了一种成就感。何乐而不为呢？泰勒是著名的工程师，他曾经对自己的雇员使用这种方法，他说："让他们以为是他们自己构思出了那些别人逐渐灌输给他们的思想。"这样达到了谈判成功的目的，又很好地维护了他人的自尊心，从而增强他的成就感和自豪感。

在日常谈判中，巧妙的谈判对于业务的成功、赚取利润的多少，甚至对于自己未来的事业发展都有着很大的影响，甚至是决定性的影响。在商务谈判中，在还没有进入到会谈的阶段之前，谈判双方在心中就已经有了一个大致的目标和方案。而在谈判中最重要的，就是可以把握好这个关键点，控制好谈判的进程，让谈判朝着有利于自己的方向发展。在准确判断对方的意图后，再按照自己的原则立场，拿出应对的谋略。同时，设法把对方思路引向自己的策略中来，这样才能左右逢源，掌握谈判的主动权。

谈判实景一：

赫斯特年轻的时候，他在旧金山开了一家规模比较小的报社。一次，适逢著名漫画家纳斯特来到旧金山，赫斯特就想请他帮助自己完成一个非常重要的计划：为了保险起见，他想发动人们敦促电车公司在电车前面装上保险杠。而这需要纳斯特按他的构思给他画一幅漫画，可纳斯特替他画的第一幅画却令他不满意。纳斯特是著名的漫画家，自己又很难说动他，如何才能让纳斯特心甘情愿地为他重画一幅漫画呢？

一天晚上，在他们共用晚餐时，赫斯特大大夸赞了那幅漫画。接下来，赫斯特又说："这里的电车已经造成许多孩子或死或残。有时候，我觉得那些开车的司机就像吃人的妖精一样，根本不像人。他们好像从来不会思考，总是直接冲向那些在街上玩耍的孩子们。"纳斯特立即跳了起来，惊讶地嚷道："天啊，先生，我保证可以画出一张出色的漫画，请把原来的那张撕掉吧，我重新再画一张。"

于是，纳斯特兴高采烈地在宾馆挥舞着画笔，按赫斯特提供的思路，一直忙到深夜。第二天，他果然送来了可使电车公司屈服的杰作。

纳斯特是在赫斯特的巧妙诱导下主动请求重画的，还按照赫斯特的想法辛苦了大半夜，重新画了一幅漫画。在纳斯特自己想来，他甚至以为是自己无意中有了一个绝妙的构思。聪明的赫斯特就是这样不动声色地用这种暗示的方法把自己的思路放入纳斯特的头脑中去的。每个人总是尽可能地去表达自己的思想，如果你想让他愉快地接受你的意见和计划，最好是让他觉得这一切都是自己的想法，相信一切都源自他们自己的创作，而不是按照他人的思路。不露痕迹地把自己的思想植入他人的脑中，使得他完全心甘情愿地为你效力，最后他还会以为这个想法是他自己的。

谈判实景二：

多年以前，以色列一位从战场凯旋归来的将军回到了自己所在的城市。于是，他在这个城市的社交界身价倍增，一时之间成为众多贵妇追逐青睐的对象。但是，这位久经沙场的将军对此却并不热衷，而且比较厌恶。但是，总有一些人对他紧追不放，纠缠不休。有一个在当地颇有名气的女记者，几个月中一直给这位将军写信，想结识这位风云人物。

在一次当地政府特地为将军准备的舞会上，这名女记者手上拿着桂枝，穿过人群，迎着将军走来。将军躲闪不及，与女记者撞个正着。于是，女记者把一束桂枝送给将军，将军绅士般地笑了笑，言语十分恳切地说道："应该把桂枝留给缪斯。"这时女记者认为这只是将军想打破歉意氛围的一句玩笑话，所以，她并不感到尴尬。

随后她继续努力地寻找话题与将军纠缠，将军出于礼貌也不好生硬地中断谈话，女记者问道："将军，您最喜欢的女人是谁呢？"将军回答说："是我的妻子。"女记者继续发问："这个太简单了，您最器重的女人是谁呢？"将军回答说："是最会料理家务的女人。"女记者再问："这我想到了，那么，您认为谁是女中豪杰呢？"将军回答："是孩子生得最多的女人。"他们就这样审讯犯人般的一问一答谈话方式，气氛令人窒息，自然是越谈越没有进行下去的必要。这时女记者感到局促不安，也不想再自讨没趣，只好起身离去。

实际上，"顾左右而言他"，既不答应，也不拒绝，就是不切入正题。这是一个智慧的谈判者，在面临僵局，又不得不把谈判进行下去的一种计策。一旦时间久了，对方就会失去耐性，那你的目的也就达到了。

在谈判过程中，当我们发现对方的决策、意见不妥当的时候，这时候不妨向他人提出一些建议、忠告。最高明的技巧是既提出自己的见解能够让他采纳，又让他觉得这个见解其实是他自己的想法。就是让人毫不察觉地把自己的想法传达给他的大脑，并使之接受。要让对方觉得正确结论是他自己得出来的，就不是直接去点破错误、失误之所在，而是用征询意见的方式，向他人讲明其决策、意见本身与实际情况不相吻合，使他人在参考你所提出的许多意见时，自己得出你想要说出的正确结论。这样一来，我们仅仅提出意见，就能使他人得出正确想法，我们也会因为他人正确的决策而受益，他人也会因为这个想法是他自己的而自豪不已。

谈判心理策略分析：

1. 引导对方按照自己的思路走

戴尔·卡耐基曾经说过："如果你仅仅是提出建议，而让别人自己去得出结论，让他觉得这个想法是他自己的，这样不更聪明吗？"有关社会学家的研究成果已经表明，人们对于自己得出的看法，往往比别人给看的看法更加坚信不疑。

因此，我们要想使自己的想法被别人接受，在许多时候应该仅仅是提出建议，仅仅提供意见，其中所蕴含着的结论，最后留给别人自己去得出。而不宜越俎代庖，硬把自己的意见往别人头脑里塞。让他人觉得正确结论是他自己得出的，可以说是我们向他人提出意见的最高艺术。它将所表达的意见，用巧妙的形式表现出来。

2. 不战而屈人之兵

孙子云："不战而屈人之兵。"孙子认为，能够百战百胜，还不算是最高明的将帅；只有不战而使敌人屈服，那才称得上是高明中之最高明者。同样的道理，在谈判中以智取胜：巧妙提出自己的观点，让对方发现问题，并通过思考来解决出现的问题，让他人觉得那个想法是他自己的。这就是既容易达到谈判的目的，又最大限度地保护了他人的自尊心。

无懈可击——找准对方的软肋

事在人为，几乎所有的事情都是人做出来的，因此，人与人相处，则要以人为主。不过，若非理念相同，人们之间很容易产生"道不同，不相为谋"的隔阂。不过，问题是，那不同的理念又来自哪里呢？无非是一个人的性格使然，因彼此之间的性格、脾气不同，所以才会产生不同的想法和办事风格。然而，每个人的性格都是有心理软肋的，也就是说存在一些性格缺点。基于这样的道理，在实际谈判中，假如我们想要操纵一个人的心理，不妨先了解其性格，再通过对其心理软肋进行攻势，方能达到操纵他人心理的目的。

谈判实景一：

在赤壁大战之后，曹操败走。对于曹操的逃亡路线，诸葛亮料事如神，料定曹操一定会走乌林，取道荆州，从葫芦口，由华容道回许昌，结果真的是这样。

对于诸葛亮猜测的正确，人们大多会说诸葛亮料事如神，神鬼莫测，还会作法借风，差不多是鬼神之道，难以揣测。实际上也没这么玄乎，他的神奇也是有章可循的。对曹操逃亡路线的准确猜测，诸葛亮是基于两个方面：一是对地形的熟悉；二就是对曹操性格的了解。特别是料定曹操走华容道，假如仅仅从地形角度考虑，就会得出相反的结论。这是对曹操性格的准确了解，诸葛亮才作出这一判断的。

看过三国的人都知道，曹操的性格弱点是多疑。当时，摆在他面前的是两条路：一条是宽敞的大路；一条是崎岖的华容小道，华容道不是一般的难行，需要伐木叠桥。而且远远的看见华容道的高山之处有烟火，就好像有伏兵埋伏。不过，曹操多疑，他认为那是诸葛亮故意搞鬼，放烟火吓人，认为真正的伏兵是藏在大道旁，最终，因狐疑的性格，他最终选择了走华容道。从这里看出，诸葛亮对曹操狐疑的性格可以说是了如指掌。

说到三国，我们不得不说一个因性格缺陷而死的人物——周瑜。俗话说：“性格决定命运。”人们在关键时刻所做的决策往往是由其性格所决定的，而其决策则促成其命运。周瑜不聪明吗？火烧赤壁退百万曹兵，可算是一代奇才，不过，他眼里终究容不下一个诸葛亮。如果说周瑜是诸葛亮害死的，否也。那是他自己的性格软肋害死了自己，诸葛亮只是起到了推波助澜的作用，最终，其性格弱点导致了自己的死亡。临死还质问老天爷：“既生瑜，何生亮？”周瑜的例子告诉我们，当我们了解了谈判对手的性格，就可以顺势操控其心理软肋。

谈判心理策略分析：

1. 对方是有需求的

谈判双方没有买与卖的真正需求就不会坐在谈判桌前，一个人只要有需求，就会有弱点。有的谈判者假装自己没有真正的需求以争取主动。在这时我们就需要用判断力去识别真伪，需要仔细分析“细节”洞悉对方的真正需求。所谓“无欲则刚”，但反过来，有欲望就会有软肋，有软肋就会有机可乘。

2. 了解对方的性格

在日常谈判中，我们要善于用各种方法去了解对方的性格，尤其是特别全面的性格。一般来说，一种性格脾气，都有其缺陷、弱点的地方，只要我们能利用这个“软肋”，那就一定能顺势操控这个人的心理，从而达到自己的目的。

3. 对方是有弱点的

每个人都会有弱点，每一个弱点都可能让谈判双方获得更多的利益，尤其是一些可以对此次谈判造成致命影响的弱点，谈判双方一旦获得就可以掌握绝对的主动权。因此，谈判中要通过各种途径获得对手的弱点，这些弱点可以是谈判者个人的，也可以是对方这个谈判团队的。在所有的弱点中，对方的真正需求是最大的弱点，弱点就是软肋，让步就只是时间问题。

4. 从对方软肋下手

一个人的心理是强大的，但并不是说其心理是不可战胜的。只要我们寻找到其心理软肋，就可以从中下手，然后轻松瓦解其心理防备，从而促使整个谈判朝着利于我们的方向继续下去。

5. 抓住对方软肋，掌握主动权

在抓住对方弱点时，有一些弱点可以直接向对方挑明，有些弱点可以不挑明，尤其是涉及对方秘密的信息，就不宜挑明。抓住对方的弱点，这可以强硬地坚持自己的谈判立场和价格，对方总是会让步。当然，假如对方的弱点也可能是自己的弱点，那就需要及时做出让步争取主动，否则就会流失客户。谈判主动权是指在当时的条件下以最有利的条款和自己想要的客户尽快地签约，而不是固执地坚持原则。

第15章

多方权衡，不失利益——退让与妥协的策略

通常情况下，一次谈判最终所达成的协议其实是双方在经过数次的让步与妥协中商议的，这个过程也被称为让步策略。卓越的谈判者会善于在谈判过程中做出让步后向对方施加压力，这样所达到的目标并不是让对方屈服，而是希望彼此让步以获取双赢。

没有回报，绝不让步

在谈判过程中，为了促成谈判协议的达成，谈判双方在交流过程中可能会在某种程度上各自做出一些让步，不过，到底是哪种程度的让步，让步多少，我们是无从得知的。但是，任何一个有经验的谈判者应该知道，假如做出了比对方期望更大的让步，那么这场谈判对于己方而言就是失败的。在每一次谈判过程中，我们应该记住这样一句话："没有回报，绝不让步。"在每一个阶段的让步需要所让步换取的利益相对应，任何事物都有其独立的两面性，在一项让步中，彼此需求不同、角度不同，所体现出来的价值必然会存在较大的差异，在谈判者做出让步得到对方回报的过程中，双方所得到的价值是否对等是让步的关键点。换而言之，在谈判中我们不能做无谓的让步，尽可能采取互惠双方的让步，在这种双向的让步中，卓越的谈判者善于在其重要部位进行突破，与此同时，还可以送对手一个顺水人情。

谈判实景：

莉莉和莎莎都需要船运一批电脑零件，她们正在和各自的委托人谈判每个单位的运输价格。在谈判过程中，莎莎做出了三次让步，每个单件每次都让了4元，最后一共让了12元。与此相对，莉莉则做出了四次让步，分别是4元、3元、2元、1元，最后总共让了10元。

到了这样的情况，她们都对船主说这是她们最后的让步了，不能再让了。不过，她们让步所得到对手的信任度却是不一样的。相比较而言，莉莉的让步容易让人相信，因为通过她做出让步的方式，可以看出她的让步越来越小，说明可以让的空间已经慢慢减小了，很有可能现在已经达到了尽头。但是，莎莎就不同了，因为她三次让步的金额都是一样的，也就是说做出了同样的让步，所以船主不太相信她说的话，尽管事实上，莎莎所做出的让步要比莉莉大，但她让步所换取的却不是对手的信任。

在实际谈判过程中，让步的方式尽管是多种多样的，而且它们都能达到相同的目的，不过它们的效果和人们为此做出的努力程度却是不一样的。或许，我们寻求理想的让步方式，所需要达到的目的就是尽量有效地、高效率地达到最好的结果。

有的谈判者，诸如案例中的莎莎，她在谈判过程中一再后退，连连让步，即便是这样也未必能赢得对方的好感，更别指望赢得最后的谈判。有经验的谈判者应该知道，为了达到自己预期的目的和效果，一定要把握好让步的尺度和时机，当然，如何进行有效把握，只能凭谈判者的机智和经验了。不过，这并不是说谈判中的让步是跟着感觉走、无法掌控的。

谈判心理策略分析：

在这里，我们需要为大家简单地介绍一些让步的基本原则：

1. 没有回报，绝不让步

在实际谈判中，许多谈判者以为只要自己开始让步，那对方也会做出让步，这样的想法是错误的。真相是对方不一定要对你的让步做出反应，相反，这样的行为还会给对方造成一定的假象：既然对方这样轻易地就让步了，肯定是故弄玄虚，那我们需要坚持一下，他肯定会做出更大的让步。这样一来，受逼迫的反而是我们自己。

2. 陷入僵局也不轻易让步

有时候，即便双方的谈判已经陷入了僵局，也不要轻易做出让步。当双方就某个问题争执不下的时候，谈判僵局就会出现，在这时也许对方表现得十分镇定，毫不在意，那我们也没必要焦急。假如谈判双方的力量是均衡的，那我们需要继续保持高姿态，不松口。假如两者力量悬殊，而己方处于劣势，那可以做出一些次要的让步，假如还是不奏效，那就需要告诉对方这是我们最大限度的让步了，要再无法达成协议那就寻求下次谈判，这是摆明己方立场，同时为下次谈判聚集资本。

3. 避免让步中的失误

一旦发现在让步中出现了失误，在协议尚未正式签订之前，我们可以采取巧妙的收回策略。当然，这样的处理是极其微妙的，我们需要掌握时机以及处理方式。举个例子，假如对方在某项条款上坚持不让步的机会，己方趁机收回原来的承诺，再重新提出谈判条件，或许相应地要求对方做出其他让步，从而换回失误带来的损失。

4. 刺激对方做出更大限度的让步

当对方的让步无法令己方满意的时候，我们需要说“不”，不要以为这就是对方最大限度的让步了，其实任何谈判家都有最后的退路。在对方表示这是最大程度的让步，己方不要犹豫，不要心软，否则对方就会对己方重要的问题要求让步，这样显然是不对等的，只有坚决地表示让步不足以让己方满意，并暗示对方己方对对方的让步与对方给予的让步是不同等价值的，只有对方给予更大的让步才可以保证谈判的顺利进行。

5. 谨慎让步

在谈判中使用让步策略，不要让对方觉得你的每一次让步都是轻松的。通常情况下，人们的生活中对于越是容易得到的东西越是不珍惜，在谈判中也是一样，因此我们的每一次让步都需要表现得极为艰难，适当的时候可以暂停谈判，谈判团体开个小会讨论一下，卓越的谈判者还可以找个借口向上司申请一下，实际上就是打个电话做个样子，继而回来告诉对手说上司看在多年合作的基础上答应了，不过希望贵公司也做出一些让步。当然，我们所要求的让步显然是重要方面的。

有效的让步策略

每一个经历过实际谈判的谈判者都应该清楚，在谈判桌上，我们应该明白一个道理，即便谈判桌上没有单方面的退让，但当我们做出让步的时候，必然地，我们也要求对方做出各种让步。当然，怎么样才能更好地迫使对方向我方让步，这确实是一个值得讨论的问题。对每个谈判者来说，要想在谈判中获得利益并不是简单的事情，我们经常需要一番讨价还价的过程，这样才能迫使对方让步。而在这个过程中，我们就会使用到一些让步策略。

谈判实景：

在1987年初期，中央政府开始正式批准上海自借自还，也就是独立到国际上进行融资活动，利用外资对城市的地铁进行建设。当这个消息传出之后，各国的地铁建设承包商以及设备生产商开始心动了，各主要工业国的政府、财界都表现出极大的合作热情。这时，又正是国际地铁市场开始出现饱和的态势。需要引进外资，就需要在谈判桌上进行实际谈判，作为中方的代表觉得需要引进竞争、制造竞争、利用竞争等策略，这样可以促使对方作出让步。

1987年5月，上海地铁第一次利用海外国际性报纸进行公开“询价”，公告中明确要求外商在报价的同时，一定要拿到本国政府的软贷款，而且必须由本国的财政机构提出承诺书。这个提议可以说是突破常规，顿时十几个发达国家的42家地铁公司纷纷赶来，甚至在这其中还有不少代表带着本国政府愿意提供软贷款的信息。在谈判的过程中，中方代表依次与各家地铁公司谈判，并指出其在贷款、报价等方面的不足之处。

在1987年的9月、12月，中方又进行了第二次、第三次的“询价”，这三次谈判下来，外商带来的政府软贷款优惠条件越来越多，对中方也越来越有利。当然，谈判所制造的竞争对手也越来越多。在1988年初期，德国AEG、西门子、杜瓦洛、瓦格尤尼等大公司，组成了“德沪地铁集团”来上海参与竞争谈判。其实最开始德国人的条件并不算最好的，他们带来的贷款中只有60%的政府软贷款，而且年利率高达2%，在竞争中处于劣势。在这样的情况下，谈判集团开始寻求德国政府的帮助，经过求助，政府答应支持100%的政府软贷款，年利率0.75%。

谈判的最终结果是，德国政府贷款的总数为4.7亿马克，还款期长达40年，其中含有10年的宽限期。于是，上海地铁融资得到了前所未有的成功。

谈判心理策略分析：

在这次融资成功后，我们再回过头来看看整个谈判过程。一开始，中方代表就故意制造一场激烈无比的竞争，这样不但让开始占据优势的法国惨败下来，而且让比较有实力的诸如日本、美国以及英国也纷纷放弃。而其他国家，如加拿大、意大利等也因各种各样的原因在竞争中败下阵来。最终，受不了竞争的德国转而向政府求助，因为中方也达到了迫使对方让步的目的。

在实际谈判中，假如我们那么多的谈判对手可以利用，也就是说，谈判本身并不可能吸引更多的对手来，那我们可以假想出一个“第三者”来压制对方。不过，值得注意的是，这样的“制造”过程必须严密，否则只会带来相反的作用。

1. 寻求谈判对手中某一成员的帮助

其实，即便是同属于一个谈判集团，但在其中也有意见不一致的时候。我们所需要发现的就是谈判对手集团中有利于已方意见的人员，并以此为突破点，以各种方式进行鼓励和支持，与这位成员之间形成一种无形的同盟。一旦这个成员松了口，那必然会让其整个团队乱了阵脚，这样我们就乘胜追击，争取对方作出最大的让步。

2. 登门槛策略

当我们第一次要求的让步幅度很小，那很容易就会让对方答应我们的条件，看似一小步，在不经意间，其实对方已经做出了很大的让步。比如，在实际谈判中，当对方要求降低技术性能，那我们就要求降低合格率。还有一个办法就是互换概念，如果对方接受自己的支付条件，自己就接受对方的报价，那这一次自己做出了让步，那下一次对方就应该主动做出让步。

3. 利用时间

在实际谈判中，不管商谈什么事情，都会有合适和不合适的时间。有时候时间的更改可以适时地增强或减少自己议价的底气。事实上，许多谈判中协议的最后敲定都是因为“时间到了”而决定的。所以在实际谈判中，我们经常会使用最后时限这个心理策略，而且效果总是令人满意的。甚至，在很多时候，价格也需要借合适的时间提出来，假如太早提出来，即便是最好的价格，也是不容易得到对方的信任的，不过，经过了几天的讨价还价之后，再提出这样的价格，那对方就觉得这是合情合理了。

谈判让步的六大心理策略

谈判成功一定有方法，为了促成谈判的成功，必须遵循一定的让步策略，以及采取合适的让步方式。或许，我们认为在谈判中最重要的策略应该是沉默，当每一次提出自己的条件之后，就是耐心地等待对方对这个条件所做出的反应。在这个等待过程中，耐心和沉默就是谈判最好的方式。在这时，我们不需要把对方的沉默当作是拒绝，或许对方也只是在思考对策。假如这时己方先沉不住气而做出让步，那就显得极为不妥。在这个沉默的空隙，我们也需要积极思考合适的让步方式。

谈判实景：

在谈判桌上，买卖双方就事宜进行谈判，现在双方的价格已经十分接近了。虽然双方心中都有一个最后的让步价位，不过都已经摆出最后报盘的架势。

买方：算了算了，我早就猜到了会这样，只是差这么一点就不能成交，未免有点可惜。

卖方：可我已经给了你最低的报价了，在任何时候你也找不到比这个更低的价了。

买方：我相信能找到的，坦白地讲，你怎么可能放弃这样一大笔生意！

卖方：（虽然心理担心这笔生意真的有可能泡汤，但还是装作毫不在意的样子）无非就是浪费了一点时间而已，做成了就赚点，做不成也无所谓。

买方：我想我还是给另一家公司打个电话，看他们是否能接受我的价格。

卖方：可以。不过我再说一遍，我报的价格绝对是最低价格了。

买方：只差几元钱了，难道你仅仅为了这几元钱就放弃这么大一笔生意吗？何况我们以后还是会继续合作。

卖方假装无奈地表示：去给别人打电话吧，但我把话说在前头，要是你和别人也谈不成，再来找我们，那时可就不是这个价了。

买方趁机离开了一会，假装打了个电话，然后回到谈判桌前：运气不错，他们愿意接受我出的价格。

这下轮到卖方着急了。

谈判心理策略分析：

即便是最后一分钟，双方也会为了逼迫对方做出最后的让步而努力着，采取着最为合适的谈判方式。在实际谈判过程中，我们到底应该怎样做出让步？什么样的才是正确的让步方式呢？这是最难以把握的，现在我们就列举几种常见的让步方式：

1. 均值的让步方式

均值让步，简而言之，就是每一次让步都是一样的。这种均值的让步，为了细水长流，给对方以好感，不过，假如不暗示对方已经达到极限了，那么对方就会一直期待下去了，总觉得你还会做出与之前程度相同的让步，使用不恰当会让谈判陷入僵局。

2. 坦诚的让步方式

坦诚让步，也就是让步阶段的一开始就全部让出可以让出的利益，而在随后的阶段里再无处可退让。这种让步策略可以说最坦诚的方式，较为容易让对方采取同样的回报行动来促成交易的最后成功。与此同时，我们首先做出最大程度的让步，会给对方以合作感、信任感，直截了当一步让利也利于谈判速战速决，从而有效地降低了谈判成本，提高了谈判效率。

不过，我们在使用这种方式时也需要注意，比较一次性大的让步，有可能会让我们失掉本来能够争取到的利益，这种让步方式有些操之过急，会增加对方的期望值，会让对方想要进一步讨价还价，甚至会得寸进尺。但是，假如己方在谈判中处于劣势，或许双方又是多年合作的伙伴，彼此很熟悉，那采用这样的方式是比较稳妥的。

3. 希望的让步方式

希望的让步方式，就是我们让步的方式呈现递减的顺序，这种让步方式幅度呈下降趋势，显示出己方态度坚定，立场越来越坚定，同时表明己方已经做出了最大程度的让步，这样的方式是极为合理的，不过因为最后还有余地，对方会觉得再施加一点点压力，或许会有意外的惊喜，这样也有利于谈判的顺利进行。

4. 适当附加条件

卓越的谈判者总是开口说："如果……那么……"来表达自己的让步，先是明确要求对方做出让步的内容，后面就是己方可以做出的让步。当然，我们可以看作是，没有前半句的条件，就没有后半句的回报。这样适当的附加条件，一方面对方必须在你做出让步的同时，也做出让步来回报，因为你的让步是以对方的让步为条件的，假如对方不做出相应让步的话，你的让步也就不能成立了。另一方面是对方必须做出你所需要的让步，以免对方用无关紧要的让步来敷衍你。

5. 无损让步的方式

在使用这个让步方式的时候，我们可以先跟对手说明，其他公司或者有实力的人也接受了同样的条件。与此同时，我们需要反复向对手保证其享受了最优惠的条件，暗示这次谈判成功将会对以后的交易产生有利的影响。

在实际谈判过程中，我们需要反复强调己方的某些条件的完美、周到、突出，比如交货的日期、付款方式、运输问题、售后服务甚至保证条件，等等。在交流过程中，认真地倾听对方的讲话，不要打岔，不要中途反驳，打岔会让对方心生不快，中途反驳对方会让对手生气，这些都将会影响整个谈判结局。

6. 针锋相对的让步方式

在实际谈判中我们经常会遇到某些不容易打发的对手，他们往往报价很高，继而在很长的时间里拒绝不让步。如果我们无法保持镇定，做出让步，他们就会设法逼迫你接着做出另外一个让步。在应付这样的谈判对手的时候，我们就需要针锋相对，以牙还牙。

一次性让步的谈判策略

在实际谈判中，当谈判进入前一阶段，谈判的一方总是保持坚决的态度，不肯做出任何让步，不过，到了谈判后期却一次性地做出最大的让步。当然，这种让步方式是对那些永不放弃的谈判对手所做出的。假如我们所遇到的是一个性格软弱的谈判对手，可能他早就放弃讨价还价而妥协了，而一个坚强的谈判对手则会坚持不懈，不达目标决不罢休，继续逼迫对方做出可能做出的让步。不过，在这个过程中，他会先试探情况，最后争取最高让步。在这样的实际谈判中，双方都需要冒因立场过于坚决而出现僵局的危险。

使用一次性到位的让步策略，益处在于，在前面谈判阶段的拒绝与强硬，是为了向对方传递己方的坚定信念。假如谈判对手缺乏毅力与耐心，那么就有可能使己方在谈判中获得较大的利益。当我们在最后阶段一次让出己方的全部可以让出的利益的时候，对方会有在悬崖边缘赢得胜利的感觉，同时也会对己方留下既强硬又大方的强烈印象。

谈判实景：

2003年5月，南方某市工艺品公司作为供货方与某外商就工艺品买卖进行谈判。当谈判开始之后，工艺品公司谈判人员坚持800元一件，态度十分坚决，而外商只出500元的价格，而且毫不示弱。谈判开始了两天，没取得任何进展。

对此，外商提出暂停谈判，休息休息再谈，假如还是不能取得共识，那谈判只能这样。对此，己方坚决不退让，眼看谈判就要陷入破裂的情况。第三天谈判继续开始，双方商定最后阶段谈判只定为3个小时，因为没有办法破解僵局，再拖延下去只能是浪费时间。对此，谈判进行了两个小时依然毫无进展，就在谈判还剩下最后10分钟的时候，双方代表差不多都做好了退场的准备了，这时工艺品公司首席代表突然大声说："这样吧，先生们，我们初次合作，谁都不愿出现不欢而散的结局，为表达我方诚意，我们愿把价格降至660元，不过这绝对是最后的让步。"

听到这样的话，外商先是一惊，然后沉默了几分钟，就在谈判结束的钟声即将敲响的时候，他们伸出手说："成交了！"

谈判心理策略分析：

在上面这个案例中，工艺品公司在做了最大限度的坚持之后，一步到位地让步，这样既有效地维护了谈判顺利地结束，同时也赢得了对方的信任，双方不失时机地握手言和了。

不过，跟所有的谈判方式一样，这个谈判方式也存在两个问题：一是对手在再三要求让步而遭到拒绝的情况下，可能等不到我们最后的一次性让步就会离开谈判桌；二是最后让步尽管很晚，不过，因幅度很大，往往会鼓励对方进一步在让步上纠缠，这对于己方而言将是烦不胜烦的一件事。

1. 考量对方是什么样性格，是否适合使用这种谈判方式

一次性到位的让步策略，相比较而言，比较适合那些性格软弱的对手，可能在遭遇我们再三拒绝的时候，他已经迫不及待地想做出让步了。当然，对于那些忍耐力较强的人，也是比较适合的，在漫长的拉锯战的过程中，对方会一直等待我们的松口。而对于耐心较差的人则不适合了，可能在遭遇几次拒绝让步之后，他会愤而离开谈判桌，自然我们的谈判也会宣告以失败结束。

2. 考虑最后的结果

当我们采用一次性让步的策略之前，我们应该考虑到最后的结果，会

出现怎么样的结果？一是对方先是毫不在意地坚持着，希望我们能在最后关头松口，一旦等我们真的做出最大限度的让步之后，他会因强烈的合作欲望而与己方达成协议；二是我们最后做出的让步并不能使对方满意，即便我们强调说这是最后的让步，但或许对方有更好的合作对象，还是会毫不犹豫地离开。对于这两种结果，我们应该早做预料，及时调整自己的让步方式，否则我们还是会陷于失败。

故意摆出高姿态，迫使对方做出让步

在谈判中，虽然我们一再强调姿态别摆得很高，这样很容易吓倒对方。但是，我们所不能忽视的还有一个谈判心理策略，那就是故意摆出高姿态。在人们潜意识中都有一种心理，唯恐自己得不到，因为害怕得不到，他们会在模糊的意识中做出仓促的决定，这样则很容易达到我们的目的。当然，我们在使用这个心理策略的时候，需要注意观察，对方是否有强烈的欲望想达成协议，假如这份协议对对方而言只是可有可无，那在这样的情况下我们使用这个策略，那无疑是自己打自己的耳光，因为极有可能毁掉整个谈判。

在生活中，我们都有这样的遭遇，当我们听说某种产品卖得很红火，每天限量，那就有许多人不惜花很长的时间去排队，即便这个产品本身不怎么样，但看到许多人都在排队，他内心就有一种怕得不到的心理，从而促使他也去参加这个队伍。其实，这就是商家故意摆出的高姿态，高姿态为其产品增加了无形的价值。

谈判实景：

谈判第一天，甲方代表轻松上阵，他似乎带着一种绝对的自信。当一方落座，甲方代表就发话了："对于我们产品的质量以及研发情况，我想是不用多费口舌介绍，我只想告诉你一件事情，那就是前面我们才接到了来自韩国方面的邀请，对方公司希望能带领着我们的产品正式进军韩国市场，我想对于对我们公司产品的选择，你是不用有任何顾虑的。”乙方代表说话气势有些弱：“在产品方面我们确实没什么可挑剔的，只是在价格方面，希望你们能再降一些，这样我们才有足够的能力接受。”甲方代表当仁不让：“在价格方面，我们会保持现在的态度，绝无更改。”由于双方在价格上协议不一致，谈判结束。

谈判第二天，甲方迟到两分钟。虽然在见面时甲方代表为自己的迟到而道歉，但仍掩饰不住其脸上的轻松情绪。这次乙方代表先开口说话：“昨晚，我们回去讨论了一下，假如贵方能在现有的价格基础上降百分之零点五，我们打算拿下你们产品在我们省的所有代理权，您觉得怎么样？”甲方代表依然是那句话：“您也知道，这个产品现在很受欢迎，其实，你们省那边已经有人跟我们接触过了，他们所开出的价格不比你们低，我们也是看在你们真诚合作的态度上，我们才打算正式协商，只是价格方面，确实不好意思，一分也不能少。”

其实，在这之前，甲方已经了解到，乙方所在的公司原与台商签订的合同不能实现，因为美国对日、韩、台提高了关税的政策使得台商迟迟不肯发货。而乙方自己公司又与客户签订了供货合同，对方要货很急。因此，在这次谈判中，乙方定是志在必得，他们现在不断地谈价格，只是希望在现有基础上减少成本，不过，他们始终是处于被动的地位。

在最后一次的谈判中，甲方始终不肯降价，甚至摆出一副高姿态：“已经有多家公司联系我们了，希望你们能尽快定下来，否则我们已经没信心谈下去了”。结果，乙方唯恐自己得不到，丝毫没犹豫就以当初的价格签订了购买协议。

谈判中的“高姿态”策略，也就是在谈判中开始以强硬的姿态出现，即便是协议中很小的要求，作为己方也不能轻易让步。之所以这样做的目的是将有限的谈判时间消耗掉，同时因为己方态度强硬，在心理上削弱对方的信心，让对方感觉到，我方连一点小事都不让步，其他的更高的要求就没必要再提出来了，从而使谈判对手在讨价还价中自我退却。

谈判心理策略分析：

1. 姿态要高，态度要强硬

由于是故意摆出的高姿态，因此千万不要在对方面前露出马脚，一旦心软，就有可能让对方发现有机可乘，以至于我们所计划的谈判策略落空。所以，在正式谈判中，在使用这个策略的时候，我们的姿态一定要高，不理会对方所说的任何困难，不管对方如何讨价还价，我们都应该坚持自己的意见，保持强硬的态度，这样我们才能引对方上钩。

2. 诱惑要足够给力

就好像在上面这个案例中一样，为什么甲方就笃定乙方一定会达成协议，那是因为他们已经了解到乙方处于被动地位，他的目的就是一定要签订协议。在签订协议之前的讨价还价，只是一种试探，他在试探对方是否可以在价格上降低一些，即便是几个分点也会减少自己公司的开支，因此，他只是在做最后的努力。当乙方看到甲方如此强硬的态度，知道自己再不签订协议，有可能这个协议就无法签订了，因此决定签订协议，不管价格多高。

逐步让步，更有利于己方

所谓的逐步让步，就是一种逐步让出可让之利并在适当时候果断停止让步，从而最大限度获得利益的策略。这样的让步策略，给对方一种美好的期望，他总在期望着，己方的让步会降低到一个什么程度，他心里也在揣测，是否再多坚持一会，对方的让步就会达到自己预期的愿望呢？虽然，逐步让步方式给予了谈判对手美好的愿望，但对于我们自身，在心里还是会有一个权衡值，也就是一步步做出让步，最后到达一个什么样的标准。难道不忍心去破坏对方美好的期望就无限制地让步吗？当然不是，先是一步步让出自己可以让出的利益，慢慢地，到了最后的阶段，我们需要明确地告诉对手：我们已经无处可让，这就是我们最后给予的让步，是协议还是结束，请自便。

谈判实景：

在商场里，买家和卖家在进行一番讨价还价：

卖家：小姐，这条裙子真的很衬您，紫色衬得您的肌肤更白，而且不瞒您说，这质地绝对是欧洲进口，全是限量版的，您可是真有眼光，把这条相中了。

买家：喜欢倒是喜欢，只是在价格上没有一点优惠吗？

卖家：哎呀，我看您都是咱们的老顾客了，所以就说了个优惠价给您，您摸摸，这质量，这个价格绝对是超值啊。

买家：其实，我在另外一家也相中了一条裙子，只是最近都要换季了，我打算只买一条，假如你的价格可以优惠一些，那我就选择你们家的。

卖家：这，这样吧，在刚才跟您说的价格上再减100元，怎么样？

买家：900元？可我觉得还是偏贵。

卖家：那就没办法了，我给您说的可是最低价格了，再也没办法退让了，您也知道，咱们拿货就是高价，我可是差不多没赚您一分钱哪。

买家：话都是你在说，800元怎么样？这是个吉祥数字，咱们大家都好。

卖家：确实没办法，我要是能给您，早就给您报这个价了。

听了卖家的话，买家又一次摸着那条裙子的质地，卖家看出对方非常喜欢这条裙子，于是乘胜追击：900也是个吉祥数字，这条裙子真的值这个价，您穿上它出门，别人会说你绝对是在欧洲买回来的。

听到这样的话，买家忍不住动心了。

谈判心理策略分析：

我们必须明确，在使用逐步让步这个策略的时候，确保让步的幅度不能一步比一步大。比如你第一次让了400元，第二次让了600元，然后你告诉对方："这就是我的底线，我不肯再少一元钱了。"不过，问题是，这600元的幅度是不是太高了，这绝对不是最后一次让步的幅度。假如我们第一次让步是600元，第二次让步是400元，那对方很可能会断定你的第三次让步是100元。这时对方可能会告诉你："好了，看来我们没什么好谈的了，可假如你能再让100元的话，我想我们还可以继续谈。"

当然，逐步让步的策略具体分来也有好几种，下面我们就简单地介绍一下：

1. 大幅度递减

这样的让步方式是比较危险的，谈判一方一开始就做出很大的让步，这将会快速提高对方的期望值，而且这样大的让步会让对方感觉很意外。不过，接着妥协的一方可以拒绝让步，以及最后为达成交易用小小的让步来冲销这种对自己不利的结果，让对方知道，即使再进行讨论也无法再次进行让步。

2. 不断递增让步的幅度

这样的让步方式是谈判一方在谈判过程中每次递增让步幅度的形式出现的，这样往往会给妥协方造成重大的损失，因为这样会给对手一个美好的期望：只要坚持，还会有更大的让步。而且对方看着让步越来越大，其内心期望也会随着时间的推移越来越大，要求越来越高，态度越来越坚决，以至于最后拒绝妥协。

3. 稍微大幅度递减

当谈判的一方在拒绝让步时态度显得十分坚定，这时他还会将其价格上涨一些，这就是对谈判对方所作的一种对抗或反攻。然后，再次做出一些小小的让步，反而会令对方感觉到惊喜，这样就能快速达成一笔交易。换而言之，就是有效地降低对方心里的期望值，然后再给予适当的满足，那最后就容易得到对方的信任。

4. 等值让步

等值让步，也就是之前让步的幅度是多少，这一次的让步就是多少，让步的数量和速度都是均等、稳定的。这种让步方式的益处在于，对于双方充分讨价还价比较有利，容易在双赢的基础上达成谈判协议。而且，因为让步的幅度比较平稳，步步为营，就不会让对方轻易占到便宜，而且假如遇到对方性急或没时间进行长时间的谈判，那就会促使我方占据上风而获利。

当然，我们在使用这个让步方式的时候，还需要注意其带来的负面问题。比如，效率比较低，而且需要消耗大量的时间和精力，从而增高了谈判成本，容易让人产生乏味疲惫之感，假如对方是一个很有耐心的人，那这样的让步方式会促使他继续期待进一步的让步。

第16章

达成协议，妥善签约——成功结束谈判的策略

在谈判进入最后的协议阶段，目的就是要达成一个具体的、可行的方案。而且要促成双方在方案上签字，认可这个方案，以便他做出相应的决定。让对方觉得这个事情必须要做，而且立即去做，不可以拖延，这是达成协议阶段的目的。

妙用“最后通牒”心理策略

谈判专家科思说，时间是除信息和权力之外影响谈判结果的关键因素之一。几乎所有的商业合作、谈判都比较讲究最后期限。大多数经验告诉我们，很多事情的最后期限是不能逾越的，否则就会发生重大损失。不过事实同时告诉我们，大多数谈判往往是在最后不到10%的时间里谈成的，而在这10%的时间里双方做出的每一个决定都会影响全部销售价值90%的变动幅度。

谈判中的“最后期限”策略，指的是为了确保己方的一定利益，使客户同意在一定的日期之前采取行动。这个谈判策略最大的益处在于：一方面，可以将“谈判时间”与达成“最终协议”这一目标相挂钩；另一方面，可以据此获得相应的利益回报。不过，这种谈判策略的最大弊端就是：会对达成协议带来“操控性”压力。在日常的商务活动中，我们常常会听到类似这样的一些话：“从5月1日起，这种电视机就要限制进口了”“假如贵公司不在7日内汇来款项，我们将无法按期交货”“明天5点钟之前如没有收到你方电话，我们将与别人签订合同”。这些都是时间期限的战略，谈判桌上总有主动的一方和陷入被动的一方，后者总希望谈判达成协议的心理。所以，当谈判双方各抒己见、争执不下时，处于主动地位的一方可以利用这一心理，提出解决问题的最后期限和解决条件。

谈判实景：

美国一公司的商务代表威廉到法国去进行一次贸易谈判，受到法国人的热烈欢迎。法国人开着小车到机场迎接，然后，又把他安排在一家豪华宾馆。威廉有一种宾至如归的感觉，觉得法国人的服务水平够棒。安排好了之后，法国人似乎无意地问：“您是不是要准时搭飞机回国呢？到时我们仍然安排这辆轿车送您去机场。”威廉表示时间紧急，必须按时赶回去，并告诉了对方自己的回程日期，以便让对方尽早安排。法国人由此巧妙地掌握了威廉谈判的最后期限：只有10天的时间。

接下来，法方先安排威廉游览法国的风景区，丝毫不提谈判的事情。直到第7天，才安排谈判，但也只是泛泛地谈一些无关紧要的问题。第8天重开谈判，其结果是草草收场，无任何协议。第9天仍没有实质性进展。第10天，双方正谈判关键问题，来接威廉上机场的小车来了，主人建议剩下的问题在车上谈。威廉进退两难，假如不尽快做出决定，那就是白跑一趟，为了不至于一无所获，只好答应对方的一切条件。

期限是一种时间性通牒，可以使对方陷入如不迅速做出决定就会失去这个机会的紧张中，而最后期限既给对方造成压力，又给对方一定的时间考虑，随着最后期限的临近，对方的焦虑会与日俱增，最终最后期限的压力会迫使对方快速做出决定。

谈判心理策略分析：

不过，“最后期限”的谈判策略犹如“刀尖上跳舞”，我们在使用这个策略时，需要注意几个问题：

1. 不要透露自己的时间压力

在透露最后期限时，不要透露自己的时间压力，否则就会将自己置于最不利的位置。那些掩饰自己最后期限的谈判者，其陷入僵局的风险显著增长。意识到自己的最后期限会迫使你加快让步，而对方还有大把时间可谈，其拖延又加大了己方在时间用光之前达成协议的几率。即便你在最后期限之前达成了协议，结果往往会对自己不利，当对方得知你的最后期限后，他会大大地加快你的让步。

2. 不要激怒对方

最后期限策略主要是一种保护性的行为，所以，当我们不得不采取这种策略时，需要设法消除对方的敌意。除语气委婉、措词恰当外，最好以某种公认的法则或习惯作为向对方解释的依据。

3. 透露自己最后期限需要注意的问题

首先我们不要混淆最后期限与时间成本，最后期限使得双方终结谈判，而时间成本只是针对谈判一方来说的。比如假如我们就一宗官司与人谈判希望达成和解，那高薪聘请的律师导致的时间成本只会影响你自己。在达成和解之前花去的时间越多，我们的律师费就越高。为了防止对方故意拖延时间，那就应该设定一个最后期限给双方，比如开庭日期提前。

其次我们需要考虑是否将自己的最佳替代方案一并透露给对方，假如我们的替代方案较为强势，可以让对方了解。若替代方案较为弱势，那可以保密为宜。最后期限不一定意味着弱势的谈判地位，其实日程最忙、最后期限最紧的人往往拥有最佳的替代方案。

4. 给对方一定的时间考虑

这样以便让对方感到你不是在强迫他接受城下之盟，而是向他提供一个解决问题的方案。虽然这个方案的结果不利于他，不过毕竟是由他自己做了最后的选择。同时，己方对原有条件也适当地让步。这样使双方在接受最后期限时有所安慰，同时也有利于达成协议。当谈判陷入停滞不前的境地时，使之快速前进的最佳方法就是规定时间限制，通常又称为时间性通牒。假如可以在适当的时机有效地利用这个策略，便可以促进协议的达成与签署。

关键时刻，亮出底牌

中国有句俗语："最后的赢家才是真正的赢家，要笑就要笑到最后。"这句话一点也不假。谈判中，我们在与对手交涉的过程中，也只有手握底牌，在关键时刻阐明观点，才能出奇制胜，让对手心服口服。谈判桌上，谁能掌控好情势，谁就会是最后的赢家！作为谈判者，在谈判过程中，只要你能抓住对方的心理，根据对方不同的利益需求，适时说出让对方毫无对策的话，我们势必会掌握谈判的主动权。

谈判中，双方往往都有自己的底牌，但要让对手心服口服，谈判者一定要沉得住气。有些时候你能清楚地感觉到事情正在越变越糟。你应该采取守势，退后一步，现在的情势不适合马上反击。不要在自己处于劣势的时候拼命地试图证明自己，不妨退守一步。记住，在你处在劣势的时候，不要急着马上反击，等一等，机会总会到来，那时你才能出奇制胜。

谈判实景：

张耳占据赵地后，号称武信君。委托蒯通到范阳去，说服范阳令徐公投降。

蒯通到达范阳，见了徐公就说："我是范阳一介草民蒯通。我分析当前形势，徐公你可能活不了许久了。我特意给你吊唁来了。不过，你要听我蒯通的话，也可以有一条生路，我也是向你表示祝贺来了。"

徐公就说："你怎么知道我活不了许久？"

蒯通就说："你在范阳为官已经十年了。你为了落实秦国的法令，杀人家的父亲，使人家的孩子成为孤儿；你断人家的手足，黥人家的面孔，这样残忍的事情你做得够多的了。那些慈父孝子对你恨之入骨。他们为什么不用锋利的尖刀插到你的腹中把你杀死呢？那是因为他们害怕秦国的法律。如今是天下大乱，秦国的法律已经不起作用了，那些慈父孝子正在争着想用利刃把你杀死。一来要化解他们对你的怨恨，二来杀你也可以得到名利。所以我蒯通知道你活不长了，因此才提前来给你吊唁。"

徐公又问："你怎么还祝贺我有一条生路呢？"

蒯通说："武安君不嫌弃我是一介草民，向我请教战争问题。我对他说：'打了胜仗才能得到土地，攻取之后才能得到城池，这已经是落后的战法了。不战而得地，不攻而得城，一纸公文就能搞定千里。这样的谋略你们愿意听听吗？'他们的将领都很感兴趣。我就说，'以范阳令徐公为例，他可以整顿士卒坚守城池。但是，人都是害怕死亡贪图富贵的。战到不行的时候他要投降。那时士卒都有了怨气，很可能把范阳令也给杀了。这件事必然会传出去。其他地方的官员知道范阳令先投降也被杀害了，必然要固守。这样，其他城池就不好攻打了。现在不如以隆重的礼仪迎接范阳令徐公，一直把他迎接到燕赵接壤的地方。使其他城池的官员都知道，范阳令投降得到了富贵。这样，就会争着来投降。这就是我说的一纸公文可以搞定千里。’现在你要是听我的话投降武信君，不但可以生存，而且还可以继续享受富贵。”结果蒯通说通了范阳令徐公。

故事中我们不得不佩服蒯通的口才，他之所以能成功说服徐公，在于他从正反两方面阐述了事情的利弊得失，让徐公心服口服。其实，我们在与对手进行谈判，也是一个说服对方接受成交条件的过程。如果你也能和故事中的蒯通一样，在阐述观点的时候，有理有据，那么，同样也能起到成功谈判的效果。

谈判心理策略分析：

1. 用事实说话

谈判中，我们要使对手接受你的观点、意见，就要让事实说话，事实充分就使你言重如山。“百闻不如一见”，事实胜于雄辩。在说服中，要善于运用事实造势。这种说服方法根本的一点就是唯实、唯事，尊重客观事实，用事实说话。运用事实进行说服最能打动人心，最能使人信服。如果从心理学的角度来分析，人们的心理趋向是求真、求实。只有真实的东西，才是人们最可信的。

2. 把握时机再亮出底牌

以打牌为例，在含有技术成分的打牌中，当你的运气很差时，对手往往会察觉到并且玩的更好。他们不再把你视为一个威胁，你已经输了气势。在这些时候，你应该更加保守。不到关键时刻，不要亮出最有分量的牌。因为牌局随时会停止，不要太早把手里所有的牌都亮出来，因为对方也随时会出新的牌。

3. 关键时刻表态

你还应该在最后说话的时候尽力最大化你的优势，先观察你对手的动作，尽量让对手先表态，然后根据对方的心理变化适时地调整自己的策略，并到最后的时候，一举亮出自己的王牌，让对方心服口服。

当然，要想做到让对手心服口服，我们在谈判过程中，还必须做好保密工作。现实生活中，一些经验尚浅的谈判者总是重复着这种愚蠢的做法，他们不重视保密工作，随随便便地分享个人信息。要知道，有些信息此刻看似无关紧要，但它的泄露在将来可能成为一个致命的错误。

虚张声势，巧用最后时机

毋庸置疑，谈判中，最重要的莫过于取得谈判的主动权，而要做到这一点，你就需要掌握对手的心理。通常情况下，人们在没有心理退路的情况下，都会退而求其次，接受他人的建议。古语有云："不到黄河心不死"就是这个意思。从这一点看，我们在与对手交涉的过程中，就可以虚张声势，到关键时刻再说话，巧用最后时机，适时把话说绝，让对手觉得无路可退，从而令其就范。人们在"最后期限"的面前效率总是会更高，而制定"最后期限"就是一种损失约束手段，通过拟定最后期限让责任承担人了解到如果不按期完成将会有更大的损失，而人类趋利避害的本性就会驱使他们及时完成任务以保护自己。

谈判实景一：

某个周五的下午，某部门主管代表公司与另外一公司同级领导在酒店里讨论合作事宜，但是讨论了很久，都未能得出一个好的解决方案，这样讨论下去，只会耗费更多的时间，眼看就要到下班的时间了，这位主管发话了："今天大家的兴致都特别高，非常好，不过仍然没有一个比较满意的方案，要不这样吧，反正明天周末，我们加班讨论，如果还是决定不了，星期六再接着讨论！各位觉得如何？"全场哗然。过了一会儿，还没到晚上九点，新的方案就出来了。

为什么会出现这样的结果？因为忙碌了一周的他们都在期待着周末，没有谁希望自己的周末耗在无聊的办公室里，因此，他们只想快点结束会议。而在谈判过程中，就需要反过来处理，一定要撑到最后一秒钟。能在谈判中取胜的人往往就是能够顶住"最后期限"这个巨大压力的人。

在“时间限制”面前，人们的效率总是会更高，而且更加感受到那种紧迫的压力，而制定“时间限制”是一种损失约束手段，通过拟定一定的时限让对方了解到如果不按时达成协议将会有更大的损失，而人类趋利避害的本性会驱使他们在最短的时间内作出改变或抉择来保护自己。

谈判实景二：

谈判桌上，对方强硬地表示：“这个项目不合适，你们所做的一切工作都是毫无用处的，要从头开始！”这时，旁边的小李猛地起身发言：“如果按董事长今天的提议，事项要无限地拖延下去了，那我们也只好把这个项目让出去！对不起，我还有别的事情需要料理，我宣布退出谈判，今天下午我等候你们最后的决定！”小李说完就拎起了皮包走出了谈判室！30分钟之后，形势急转直下，对方强烈要求启用这个项目。

双方谈判，一方提出了最后的时限，无疑是增加了巨大的压力，离最后时限越近，压力就越大，一旦对方屈服于这种压力就会被牵着鼻子走。

谈判心理策略分析：

无论是进行政治谈判、军事谈判还是商务谈判，都可以使用最后期限这一“非常规做法”。之所以称其为“非常规做法”，是因为它是一种在特定的环境中不得已而为之的策略。最后时限不但针对对方，同时也给己方套上了枷锁，双方在其中都没有回旋的余地，所以很容易造成双方的尖锐对抗，导致谈判破裂。所以，我们在使用这一策略时，一定要在考虑成熟的情况下才能使用，否则后果不可收拾。最后期限若成功，能有效地逼迫对方让步，己方获取巨大的利益；但若使用失败，不仅与对方的关系恶化，己方还丧失了宝贵的谈判机会，因此最后通牒是一把双刃剑，使用时要慎之又慎。

1. 巧妙利用时限

在谈判过程中并不是可以随处使用“时限”，大部分都会在最后紧要关头巧妙利用，迫使对方作出让步。另外，当你提出了时限的要求时，就要坚持撑到最后一秒，切勿轻易改变决定。

2. 对方欺软怕硬，你应寸步不让

欺软怕硬是人们一种常见的心理，如果对方表现得十分强硬，而且不讲理，你也不必一味退让，反而应该寸步不让，毫不犹豫展现出自己的原则，大多情况下到最后对方都会屈服于你。

3. 不要屈服对方的压力

两方交涉，当最后期限临近时，彼此在内心都会与自己进行一番较量，离最后期限越近，压力也就越大，一旦屈服于这种压力，就只能被别人牵着鼻子走。很多时候，在谈判结束前某一方会出现一些大的让步就是这个原因。

精妙的结束语

近因效应是指人们识记一系列事物或某人的言论时对末尾部分的项目的记忆效果优于中间部分项目的现象。当你所传递的前后信息间隔时间越长的时候，近因效应就越明显，原因在于前面的信息在记忆中逐渐模糊，从而使近期信息在短时间记忆中更为突出。心理学认为，人的记忆受到“近因效应”的影响，在谈判过程中，我们对他人最近、最新的认识占了主体地位，使过去的一些评价得以改变。换句话说，就是我们在说最后一句话或留下最后一个印象时，对方往往是记得最牢的。

在生活中我们经常都会经历这样的场面：两个朋友在一起愉快地聊天，可是，告别的时候，她居然说了一句很恶劣的话。那么，无论之前的畅谈是多么愉快，我们都会把最后一句话留在心里，并挥之不去，而且，这句话所造成的影响将波及彼此的关系。相反，本来对那个人的印象并不好，但分别时她居然说“认识你真高兴，我觉得今天你真漂亮，咱们下次再聊”，那么你会觉得以前不好的都随之而去，从此对她有了好的印象。其实，这些都是心理学上的近因效应在起作用。

曾国藩在最初和太平军的交锋中，一直处于劣势，于是在奏折中称自己“屡战屡败”。但他幕下的一个师爷看了说，不要这样写，而是将四个字的位置调动了一下，变成了“屡败屡战”。曾国藩恍然大悟，把奏折改了过来，交了上去。结果一个“常败将军”的形象变成了败而不馁、坚忍不拔的形象。

其实，在这里我们不难看出，在整个说话过程中，最后一句话往往决定了整句话的基调。比如，上司对下属说“这个月总能超越上个月的销售额吧，虽然这个月销售出去的产品很少”，或者说“虽然这个月销售出去的产品很少，总能超越上个月的销售额吧”。其实，这两句话的意思是一样的，但就是因为语句排列的顺序不同，给对方的印象却是迥然不同的。前者给对方留下悲观的印象，后者给对方留下乐观、积极的印象。相比较而言，后者传递的言语暗示会更容易影响其心理。

谈判实景：

谈判过程中，虽然张先生一再表现出合作的诚意，但对方公司负责人就是不为所动，甚至言辞犀利地拒绝：“我觉得你们公司不合适做我们的合作伙伴，您现在提出的一些要求都是毫无作用的。”张先生遗憾之余，还是面带微笑说：“谢谢贵公司能在百忙之中抽出时间与我公司会谈，以后我还会为咱们的合作继续努力。”说完了，还亲自把对方谈判代表送到宾馆门口。次日，张先生却意外接到了该公司的邀请电话。

张先生利用告别时“近因效应”挽回了合作伙伴，促成了谈判的成功。工作中的洽谈并不是一两次就能完成，即便双方已经达成了协议，但毕竟是合作伙伴，说不定以后还能遇到，所以，收尾最后一句话给未来做好铺垫，同时，给对方留一个好的印象，这都是十分重要的。

1. “今天真的很愉快”

即使在谈判即将结束的时候，我们也要向对方传递友好的信息，否则有可能你无意的一句话就毁掉了前面的整个沟通。比如“今天真的很愉快”“我觉得你是个很不错的聊天伙伴，下次有空再过来玩”“谢谢你今天的盛情招待，我过的十分愉快”等，给对方留下好的印象，有利于进一步接触或者下一次合作。

2. 简洁有力的告别语

在结束整个谈话的时候，告别语不宜过多，如果你总是絮絮叨叨“今天我真高兴，没想到会认识你这个有趣的朋友……咱们下次接着聊天”，这样对方会觉得你很啰唆，之前对你好印象都会消失不见；相反，如果你用简洁有力的语言告别“今天过得很愉快，谢谢你，再见”，对方会觉得你是一个做事果断的人，对你更有好感了。

3. “你能给我这份工作吗”

一般情况下，参加面试结束时很少会注意最后一句话，其实在大多数情况下，最后一句简单的话会收到意想不到的效果。我们可以在最后一句话传递期待的心理“你能给我这份工作吗？”“我最晚什么时候能得到回音？”“如果因为种种原因你没有在最后期限通知我，我可以联系你吗？”你所传达的期待心理，会使他人对你的印象大大改观，最后一句话有效地影响了其心理，或许你最后就得到这份工作了。

签订合同，先有言在先

在谈判中，协议制约着当事人。严格按照协议做事，不违背协议约定的内容，是双方诚信的表现。一旦违约，就要承担相应的责任和后果。协议事关双方的利益，它是一把双刃剑，既能保护自己的利益，也制约着自己的行为。在谈判中，协议作为谈判终局的事项非常重要。不过，签订协议之前，谈判者一定要把“丑话”说在前面，以免日后引起纠纷。

签订协议，不要只考虑到对方，或者顾及对方的情面，而不敢为自己争取利益。在签订协议前，要妥善行事，三思而后行，考虑周全，积极为自己争取利益。对于协议中不合理的地方，要勇敢地提出来，把“丑话”说在前面，才不至于落入协议的陷阱，哑巴吃黄连，有苦说不出。对于那些苛刻的履约条款，违反有关法律的规定，谈判者要具备防范意识。协议中这些条款的设置，大都在不太显眼的位置。谈判者一定要注意这些隐性条款，否则，自己的利益将会得不到保护。

谈判实景：

陈琪大学毕业后，由亲戚介绍进入了一家公司。在与公司签订协议时，碍于亲戚的情面，陈琪只是大致浏览了一下协议内容，就签上了自己的名字。此后，陈琪在这家公司工作了三年，虽然工作很累，薪资不高，但是陈琪任劳任怨，从来没有叫过苦，喊过累。然而，令她没有想到的是，在公司最近的一批裁员名单上，她的名字赫然在列，这让她备受打击。

然而，公司的裁员已定，陈琪需要另寻出路。但是当她离开公司，到处寻找工作时，她却发现，和她一样离开公司的部分员工却获得了补偿。她去找公司询问，有关人员查询了她与公司签订的协议，告诉她协议里没有写有关补偿问题。陈琪这时才意识到，自己当初是多么幼稚、粗心。

再次寻找工作时，公司负责人要求她签订协议，陈琪吸取了以前的教训，仔细看了公司拟定好的协议后，她发现了几条不利于自己的隐性条款，经过精心考虑，她终于鼓足勇气，要求公司删掉那几项不合理的条款。公司负责人认真听取了她的建议，对协议做了修改。陈琪的利益受到了合法保护。

合法合理的协议，能够保护当事人的利益。不合理的协议，对于谈判者来说，不啻于深不可测的陷阱。在签订协议前，认真思量，周密思考，就可以避免自己的利益受损，从而保护自己。事例中的陈琪，在找第一份工作时，碍于亲戚的情面，协议只是草草地看了一下，就签上了自己的名字，以致后来没有得到赔偿。后来吸取了教训，维护了自己的正当利益。

丑话尽管难听，但在一定程度上保证了自己的利益。俗话说害人之心不可有，防人之心不可无。签订协议前如果不三思而后行，考虑不周全，行事不稳重，就会出现疏漏，损害自己的利益。在谈判场合中，如果考虑对方的情面，协议就会流于形式。签订协议之前，把丑话说在前面，保证双方的利益，一旦出现纠纷就会照章办事，不会出现不公正的现象。谈判者在签订协议前，要严格谨慎，细心全面地看清协议的内容，本着诚信、公平的原则，约定协议的内容，以避免出现不必要的纠纷。

谈判心理策略分析：

签订协议前，谈判者只有考虑周全，注意协议中的隐性条款，才能维护自己正当的利益。但是我们经常会发现这样的情况，有些谈判者为了暂时有栖身之处，或委曲求全，或碍于别人的面子，不敢提出自己不同的意见，以致错失良机，结果出现纠纷，只能默默忍受。为了避免出现这种情况，谈判者要勇敢地说出自己的想法，看清协议条款。把“丑话”说在前面，才能防患于未然。如果不敢表达自己的想法，说话唯唯诺诺，即使签订了协议，那也像一纸空文，对谈判本身没有什么较大的价值。

签订合同需要注意的事项

一旦谈判双方就交易的主要协议达成一致意见之后，就会进入合同签订阶段。那么，这个合同由谁起草呢？通常情况下，文本由谁起草，谁就掌握主动，由于口头上商议的东西要形成文字，会经过一个过程，有时仅仅是一字之差，意思就会有很大的区别。在起草合同时可以按照双方协商的内容，认真考虑写入合同中的每一条款。不过，有时即便认真审议了合同的各项条款，不过由于文化上的差异，对词意的理解也会有所不同，难以发现于己的不利之处。所以，己方在谈判过程中，应重视合同文本的起草，尽可能争取起草合同文本，假如做不到这一点，也要与对方共同起草合同文本。

谈判心理策略分析：

1. 争取拟定合同文本

在谈判过程中，己方争取拟定合同谈判的草稿，在此基础上进行谈判，形势就会有利于己方。当然，起草合同的文本，需要做很多工作，比如在拟定谈判计划时，所确定的谈判要点，其实就是合同的主要条款。起草合同文本，不但要提出双方协商的合同条款，以及双方应承担的责任、义务，而且己方要对所有提出的条款进行全面认真地讨论和研究，哪些条款不能让步，哪些条款可以作适当让步、让步到什么样的程度。如此一来，当双方就合同的草稿进行实质性谈判时，己方就可以顺势掌握主动权。

2. 确保合同双方当事人的签约资格

合同是具有法律效力的法律文件，所以，要求签订合同的双方都必须具有签约资格。否则，即便是签订合同，也是无效的合同。在签约的时候，当事人互相提供法律文件，证明其合法资格。通常情况下，重要的谈判、签约人应该是董事长或总经理。即便出现签约的不是董事长或总经理，也需要检查签约人的资格，诸如了解对方提交的法人开具的正式书面授权证明，授权书、委托书等。

3. 合同要明确规定双方的义务、违约的责任

大多数合同只规定双方交易的主要条款，却忽视了双方各自应尽的责任与义务，尤其是违约应承担的责任。如此无形中等于为双方解除了应负的责任，消减了合同的约束力。有些合同条款则写得非常含糊，即便是规定了双方各自的责任和义务，不过假如合同条款不明确，也没办法追究违约者的责任。比如，某一城市与港商签订了一个出售矿渣的合同，合同中只明确港商可以每天拉一车，时间一个月。但由于没有明确提货车的型号，结果对方拉货的车越来越大，己方明知吃了哑巴亏，却也无可奈何。

4. 合同的条款必须详细、一致

合同条款太模糊不利于合同的履行，同时，还需要注意合同中的条款不能重复，更不能前后出现矛盾。比如某企业与外商签订一份合同，在价格条款中有这样一条：上述价格包括卖方装到船舱的一切费用。而在交货条款中却又出现了这样的规定：买方负担装船费用的二分之一，凭卖方费用单据支付。诸如这种前后矛盾的合同，很容易被人钻了空子。

5. 尽可能争取在己方地盘举行签字仪式

许多较为重要的谈判，一旦双方达成协议之后，举行的合同缔约或签

字仪式，尽可能争取在己方地举行。这主要是因为签约地点往往决定采取哪国法律解决合同中的纠纷问题，按照国际法的一般原则，假如合同中对出现纠纷采用哪国法律未作具体规定，一旦发生冲突，法院或仲裁庭就可以根据合同缔结地国家的法律来做出判决或仲裁。

参考文献

[1] 李维. 谈判中的心理学 [M]. 北京：清华大学出版社，2011.

[2] 艾莉卡·爱瑞儿·福克斯. 哈佛谈判心理学 [M]. 北京：中国友谊出版公司，2014.

[3] 舒雪冬. 每天读点谈判心理学 [M]. 北京：中国纺织出版社，2014.